AF593340

Catalogación en la publicación - Biblioteca Nacional de Colombia

Uribe Garzón, Sonia Milena
Teseladonia : teselaciones para niños, la ciudad / Sonia Milena Uribe Garzón, Óscar Leonardo Cárdenas Forero, James Frank Becerra Martínez. -- 1a. ed. -- Bogotá : Cooperativa Editorial Magisterio, 2015.

p. 88 (Colección Aula Alegre)

Incluye bibliografía
ISBN 978-958-20-1203-8

1. Teselaciones (matemáticas) - Literatura juvenil 2. Geometría - Enseñanza elemental 3. Análisis combinatorio - Problemas, ejercicios, etc. I. Cárdenas Forero, Oscar Leonardo II. Becerra Martínez, James Frank III. Título IV. Serie

CDD: 516.2132 ed. 23 CO-BoBN- a972743

Teseladonia
Teselaciones para niños
La ciudad

Página de créditos:

Colección Aula Alegre
Teseladonia. Teselaciones para niños. La ciudad

©Sonia Milena Uribe Garzón
Óscar Leonardo Cárdenas Forero
James Frank Becerra Martínez

Primera edición: Septiembre de 2015

ISBN: 978-958-20-1203-8

©COOPERATIVA EDITORIAL MAGISTERIO

Diag. 36 Bis (Parkway La Soledad) N° 20-70
PBX: (0571) 338-3605
Bogotá, D.C., Colombia

www.magisterio.com.co

Escriba sus comentarios sobre la edición de este libro a: **info@magisterio.com.co**

Contenido

Presentación

En los últimos años el desarrollo del pensamiento espacial y geométrico ha cobrado especial relevancia en la enseñanza de las matemáticas. El interés de poner en práctica estrategias didácticas enfocadas en este aspecto es cada vez mayor.
Quienes hemos creado este libro hemos querido brindarles a los niños y niñas de preescolar y básica primaria la oportunidad de ejercitar sus habilidades de pensamiento espacial y nutrirse de conocimientos, nociones y conceptos geométricos.
Los ejercicios que componen **Teselaciones para niños** han sido diseñados pensando siempre en una experiencia de aprendizaje dinámica y divertida.

El mundo de las teselaciones

Las teselaciones están constituidas por polígonos regulares o irregulares que, repetidos sobre el plano, llenan completamente una superficie sin vacíos ni superposiciones. Sus formas son muy comunes en la naturaleza; en los tejidos celulares y estructuras geológicas, en las frutas o en la piel de algunos animales, podemos observar estos patrones geométricos. De la misma forma, la imaginación humana ha encontrado siempre en las teselaciones una manera de organizar el espacio; con mucha frecuencia las encontramos en diseños textiles, la arquitectura y el arte. Uno de sus mayores exponentes "en el arte contemporáneo" fue el holandés Maurits Cornelis Escher, quien exploró el método de las teselaciones en muchas de sus obras, logrando extraordinarios efectos ópticos y espaciales.

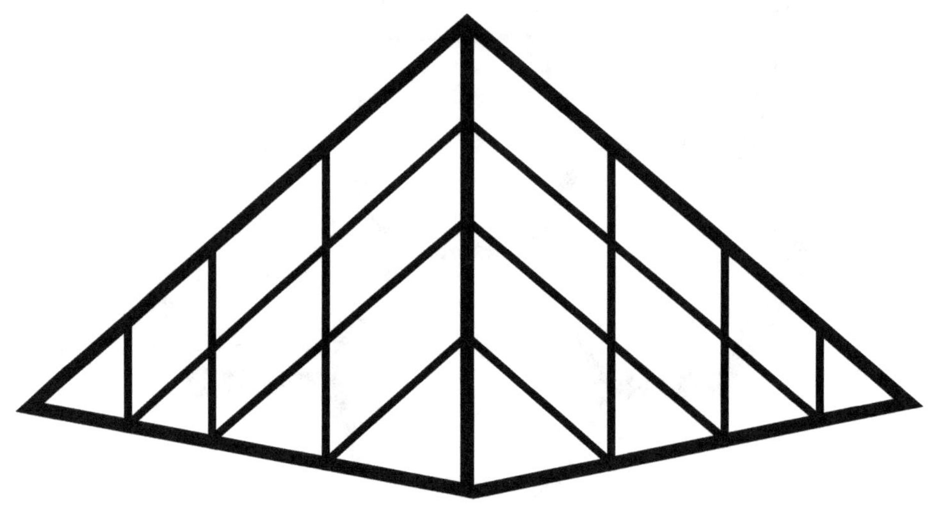

La geometría en la escuela

Entre maestros y académicos interesados en entender los procesos del pensamiento matemático es cada vez más frecuente la idea de que los niños y niñas, incluso antes de vincularse a la escuela, cuentan con nociones intuitivas del espacio. Por esta razón es muy importante que en el ambiente del aprendizaje escolar se valoren y reconozcan estas nociones y habilidades naturales, pues son el punto de partida para la construcción de conocimientos asociados al universo de las matemáticas, así como de las destrezas necesarias para resolver problemas recurrentes en nuestra relación con el espacio. En concordancia con Frostig, Hoffer y Horne, se trata de afianzar una serie de habilidades de percepción visual y espacial, caracterizadas de esta manera: coordinación viso-motriz, percepción figura-fondo, constancia perceptual (constancia figura y tamaño), percepción de la posición en el espacio y de relaciones espaciales, discriminación y memoria visual.

Señalan Benítez y Cárdenas (2008) que en los estudios de Alan Hoffer (1977) se probó que es posible aprehender simultáneamente habilidades de percepción visual y conceptos geométricos, fundamentales para el proceso de construcción espacial. No obstante, esto no significa que los ejercicios de pensamiento espacial practicados en las aulas contribuyan directamente a la formación de los conocimientos geométricos de los niños y niñas, pues éstos requieren de otras condiciones didácticas y pedagógicas complementarias.

Las matemáticas, y con ellas la geometría, son una potente herramienta para el desarrollo de habilidades del pensamiento. **Teselaciones para niños** se enmarca en el campo de la Geometría Activa, y es una apuesta didáctica por abordar de un modo dinámico y entretenido el aprendizaje en las aulas, ofreciendo una alternativa para superar procedimientos convencionales de la enseñanza, en los que han primado la memorización de fórmulas geométricas y el reconocimiento y reproducción de ciertos polígonos.

El pensamiento espacial y geométrico:

Componentes del pensamiento matemático

Benítez y Cárdenas (2008) afirman que el interés de estimular el pensamiento matemático de los niños y niñas desde temprana edad es una tendencia que ha cobrado fuerza en las instituciones educativas. Esto responde a un interés generalizado de reorientar las prácticas pedagógicas y las metodologías didácticas asociadas a este campo del conocimiento. Se busca, en definitiva, afirmar las bases de "una enseñanza que se preocupe por los procesos de pensamiento propios de la matemática y menos por los contenidos" (Sánchez y Bonilla, 1999, p. 9). Al mismo tiempo, se pretende trascender la concepción de las matemáticas escolares como un conjunto de saberes acabados, con estructuras rígidas y "consistente, sin contradicciones y secuencial, en donde un concepto es prerrequisito del siguiente, [y donde] lo importante es establecer leyes o algoritmos para aplicar y solucionar problemas similares, [dejando] poca opción de crear, y donde las satisfacciones se presentan sólo cuando se coincide en los resultados" (Malagón, 1988, p. 192). Es comprensible, por lo mismo, que la apropiación de destrezas matemáticas en las aulas resulte en muchas ocasiones tediosa.

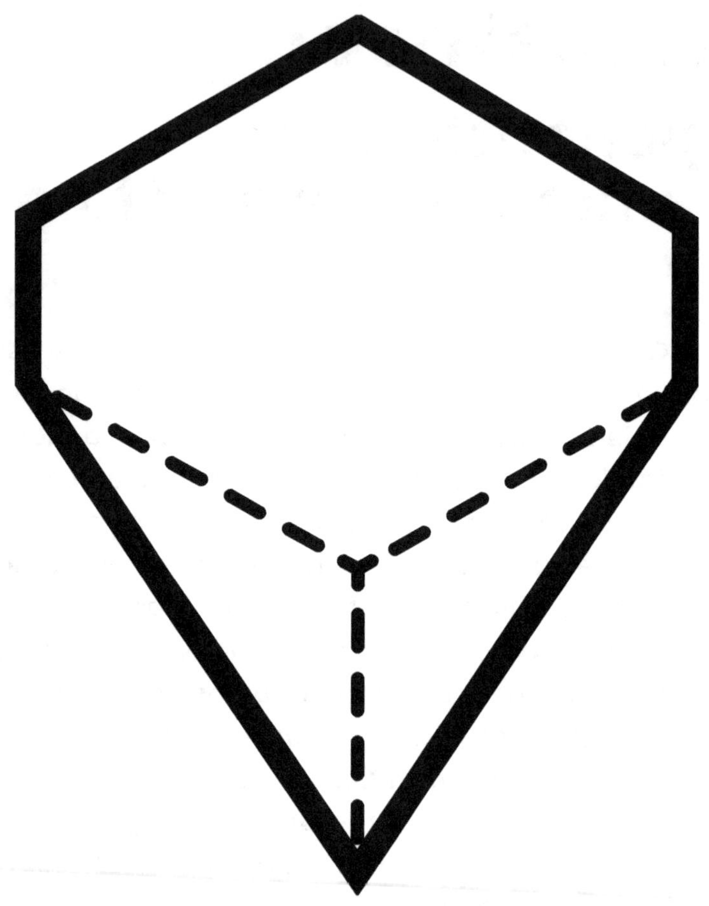

Teselaciones para niños se constituye como un valioso recurso para el aprendizaje de la geometría en el ámbito de la educación preescolar y primaria, y como una apertura a la diversidad y riqueza de la geometría contemporánea.

Los Niveles de Desarrollo de Van Hiele

Teselaciones para Niños se apoya en el Modelo de Razonamiento Geométrico de Van Hiele, que describe los niveles de razonamiento geométrico de los niños. En este modelo se señalan los métodos que los maestros tienen a su alcance para contribuir al mejoramiento de su pensamiento geométrico-espacial. Los niveles de razonamiento geométrico propuestos por los profesores Van Hiele son: 1) Reconocimiento, 2) Análisis, 3) Clasificación, 4) Deducción. En segundo término, el modelo de Van Hiele se compone de unas fases de aprendizaje: 1) Información, 2) Orientación dirigida, 3) Explicitación, 4) Orientación libre, y 4) Integración.

Teseladonia: la maravillosa ciudad

En una región maravillosa región se encuentra Teseladonia, una ciudad colorida y llena de curiosos parques, avenidas y edificios. También hay un zoológico y una gran escuela. Es un lugar lleno de vida, donde las personas, los animales y las cosas están en armonía. Los geómetras que planificaron Teseladonia se imaginaron una ciudad donde todas las imágenes, todas las formas -avenidas, edificios, jardines y monumentos- cubrieran el espacio en perfectos entramados geométricos, también llamados "teselaciones". La genialidad de sus arquitectos y constructores está presente en sus pisos, murales, tejados y ventanas, y hacen de Teseladonia una de las más grandes y hermosas ciudades, a donde todos quieren ir para conocer sus secretos. Los inquietos diseñadores de Teseladonia, habitantes ancestrales de la ciudad, alcanzaron una creatividad única jugando y trabajando con baldosas, ladrillos, piedras o cualquier otro objeto con forma poligonal.

Pero... ¡un momento! ¿Qué es eso de "poligonal"? Por ahora sólo te diremos que en el mundo de los geómetras (muchos de los antiguos teseladonios feron grandes geómetras), un polígono es una figura plana compuesta por un número determinado de lados y de ángulos (o "vértices") que la encierran. Algunos de los polígonos más conocidos son los cuadrados, los rectángulos y los triángulos. Pero existe una cantidad infinita de polígonos de formas complejas y con numerosos lados, agrupados en dos familias principalísimas: la de los "regulares" y la de los "irregulares". Estamos seguros de que al término de la emocionante aventura que te espera en Teseladonia lo entenderás mejor que nadie.

¡Muy bien! ¡Ha llegado el momento de la verdad! Queremos que sepas, antes de que te pongas en marcha, que has sido invitado a Teseladonia para cumplir con una misión muy importante. Hace unos días se desplegó sobre la ciudad una fuerza misteriosa, proveniente del viejo Trastorni, un mago travieso que va de aquí para allá desapareciendo las cosas, alterándolas, quitándoles su forma y color originales. ¡Imagínate la alarma y la preocupación de los teseladonios cuando comenzaron a encontrar desbarajustes por toda la ciudad! Ante la situación, y viendo que no paraban las fechorías de Trastorini, llamaron a Tesela, una talentosa arquitecta, urbanista, restauradora de antigüedades, diseñadora de interiores, muralista, topógrafa - ¡y ve tú a saber cuántas cosas más!- para que le devolviera a la ciudad su gracia original. Tesela aceptó la ingente tarea con una sola condición: que pudiera contar con la ayuda de algunos curiosos, creativos y enérgicos compañeros. De inmediato se puso en la tarea de buscarlos y te encontró a ti. Tú has sido uno de sus elegidos para y hacer que la ciudad vuelva a brillar en todo el esplendor de sus formas.

“¡Bienvenido a Teseladonia, ciudad de la imaginación!”, exclama Tesela, “¡Ven conmigo y descubramos las maravillas de nuestra misión! ¡Reconstruyamos la ciudad, para que vuelva a brillar sin fealdad! ¡Manos a la obra! ¡Sin quejas! ¡Piedras, baldosas, ventanas, rejas, tablas, ladrillos, tejas!”

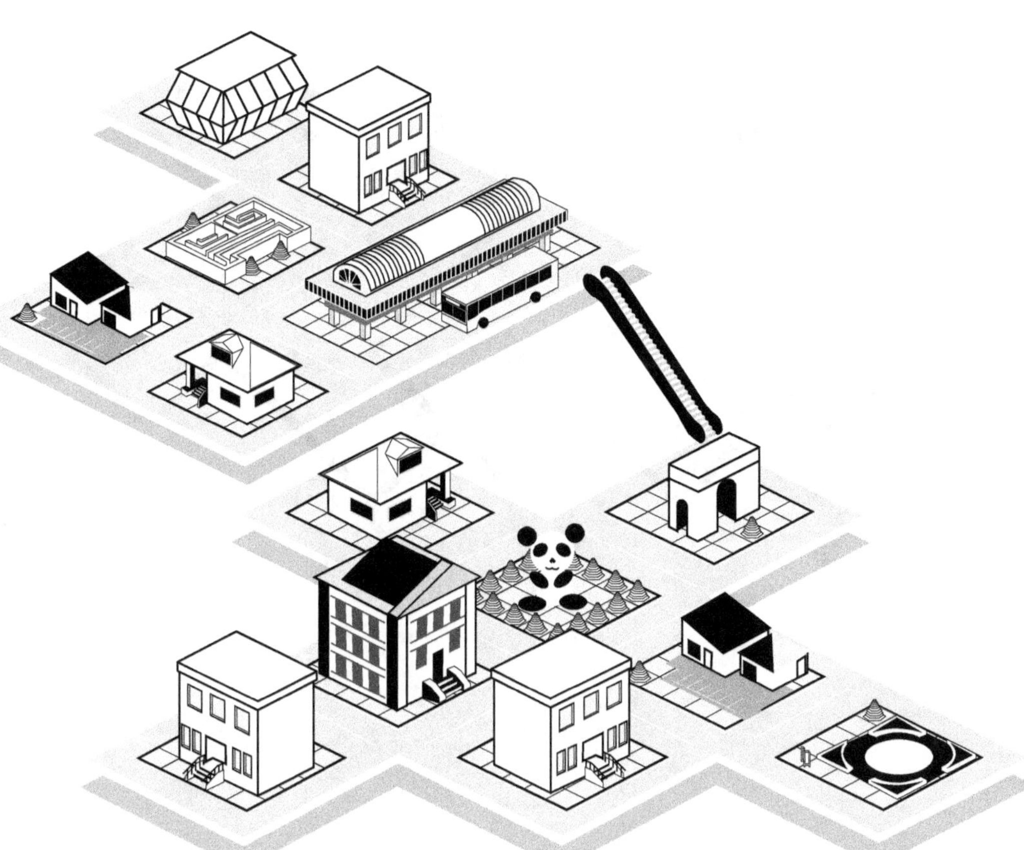

Los pisos de la Plaza Central

Por aquí pasó el mago travieso, desajustando todo sin mucho seso. Los adoquines de la plaza central tienen para nosotros una importancia capital. ¡Adelante, no te impacientes! ¡Juntos lo vamos a lograr!

Las paredes de la catedral

¡Mira este prodigio de diseño en las paredes de la catedral! A sus sutiles frisos Trastorni hizo un grave mal.

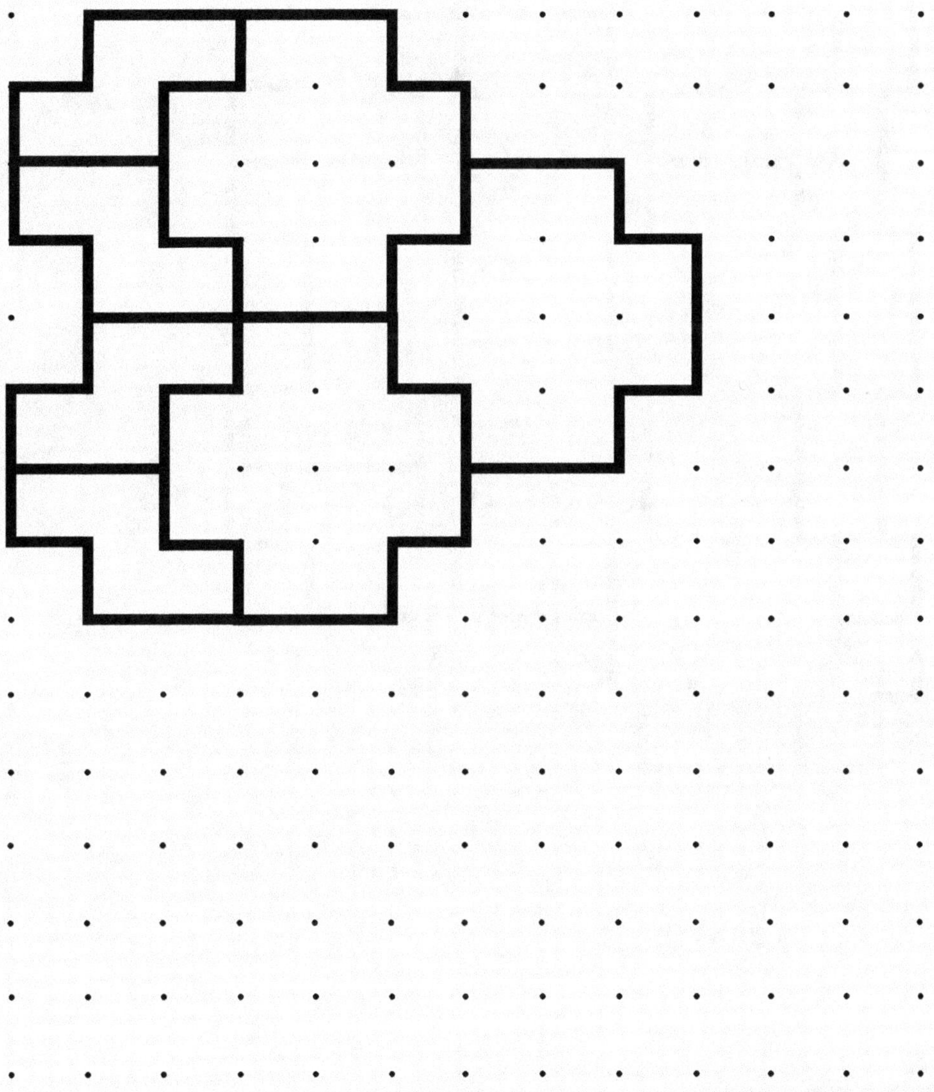

Las paredes del ancianato

¡Hasta con el ancianato se ha metido este mago michicato! ¡Vino y con su barita desapareció sus frisos, y otro tanto habrá hecho con los pisos!

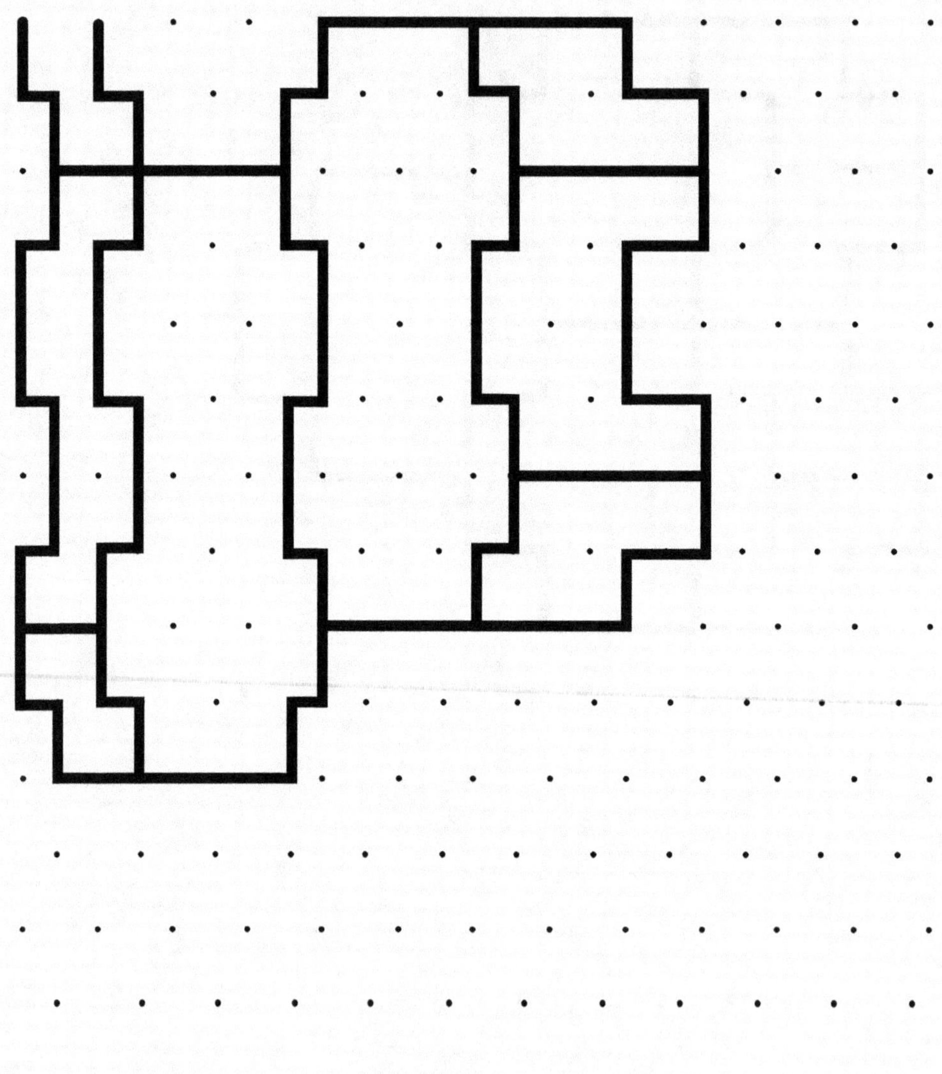

En el Colegio Melanesio

¡Las paredes del Colegio Melanesio Trastorni convirtió en un adefesio! ¡Era una gran obra de arquitectura, y ahora ha perdido su estructura!

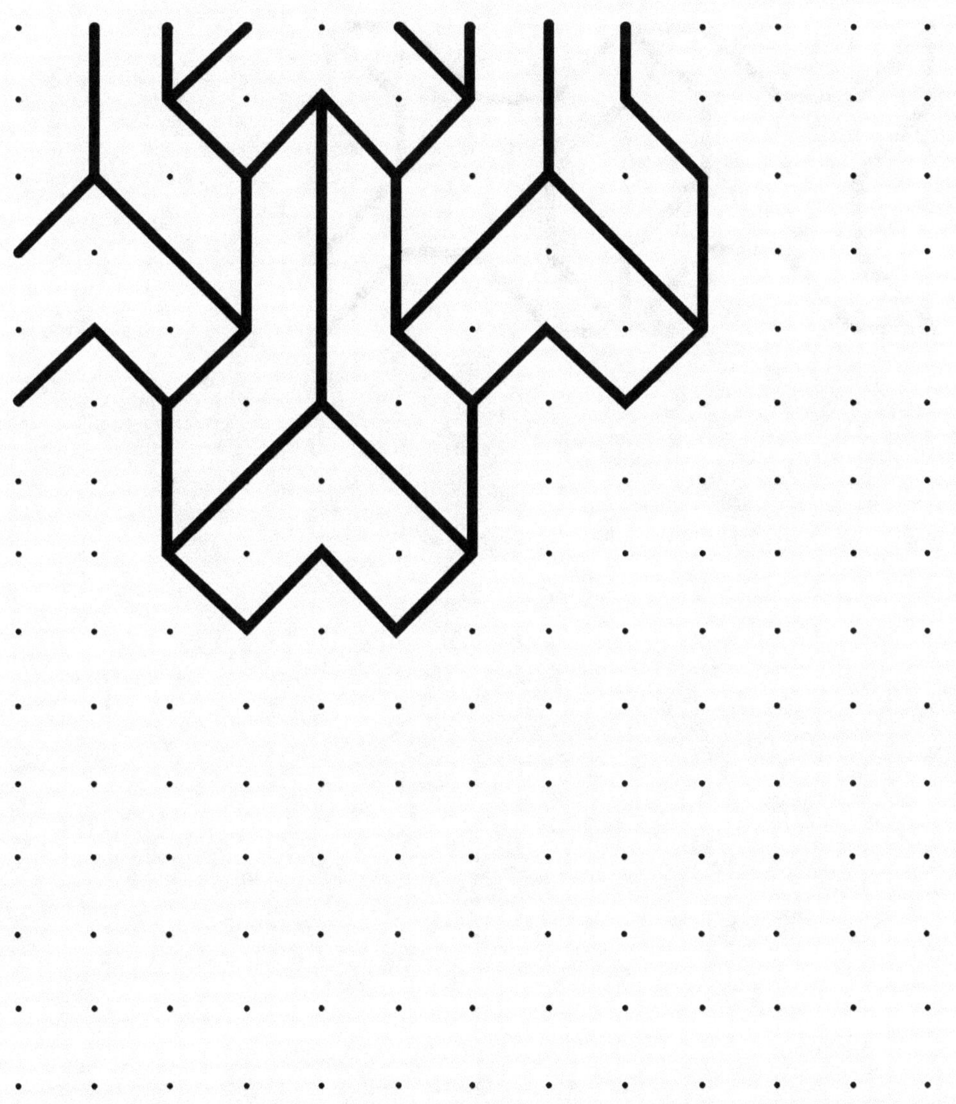

Las paredes de la notaría

¡Si no fuera por nosotros, Trastorni con el mundo acabaría! ¡Esta mañana vino y se llevó los pisos de la notaría!

Un mural fenomenal

En el muro del Museo de Historia –donde los niños van a hacer memoria– había un elegante teselado al que el mago quería dejar pelado. ¡Trae las baldosas y el palustre y restauremos este muro ilustre!

El techo del museo

Los retablos del Museo de la Memoria –que a los visitantes causaban gran euforia–, nos han pedido restaurar. ¡Trae la escalera, y con paciencia los podremos acabar!

Un mural precolombino

Este mural precolombino, que los Muiscas labraron con gran tino, el mago tragamundos dejó casi desecho. ¿Cómo crees que se verá cuando le devolvamos sus colores?

Un mosaico chino

¡Este mosaico chino tiene dos mil trescientos años y unos cuantos daños! ¡Siguiendo sus líneas ingeniosas volveremos a ver sus formas asombrosas!

Una escultura

Aquí vemos, con sus cuadrados y sus triángulos de precisos ángulos, una escultura modernista que hizo un gran artista. ¿Te atreves a completarla?

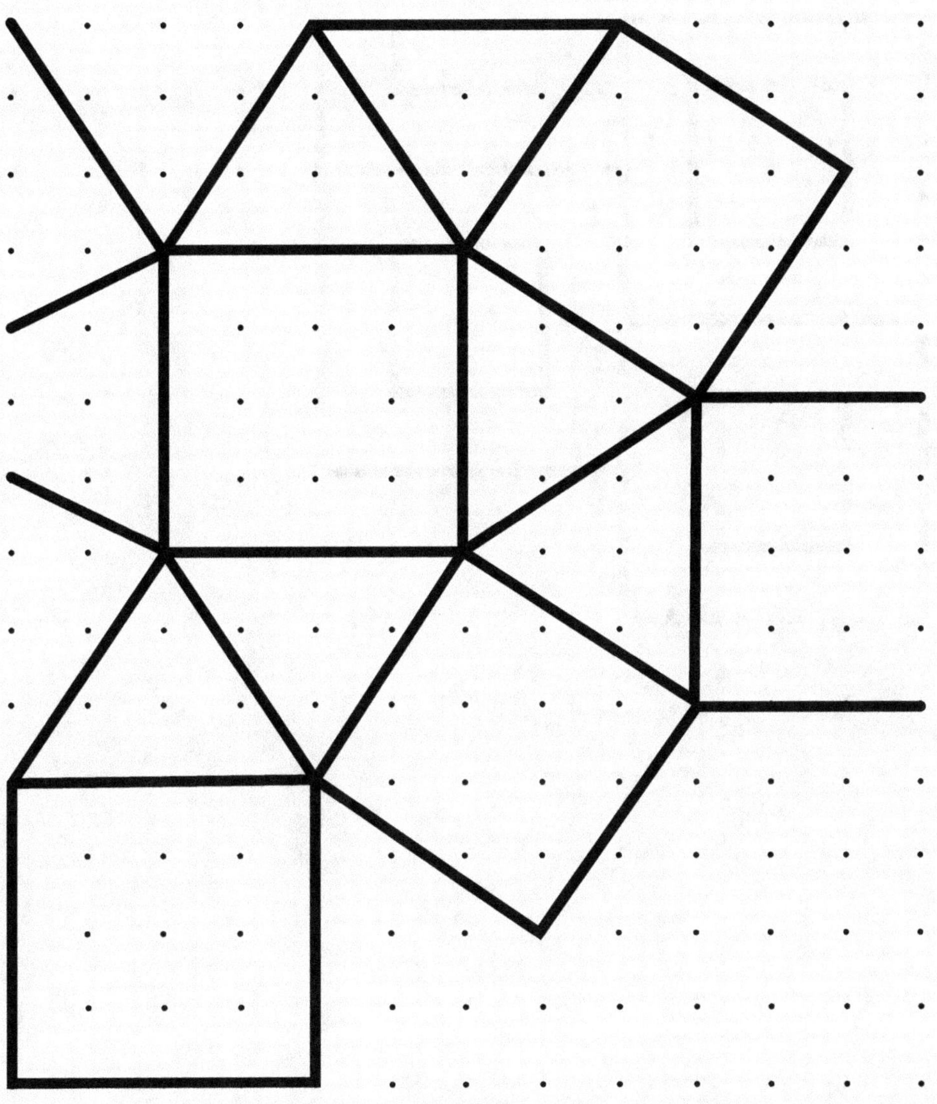

En la estación de tren

¡Estos cuadrados que en la estación del tren fueron labrados, con nuestro trabajo y destreza dejaremos bien armados!

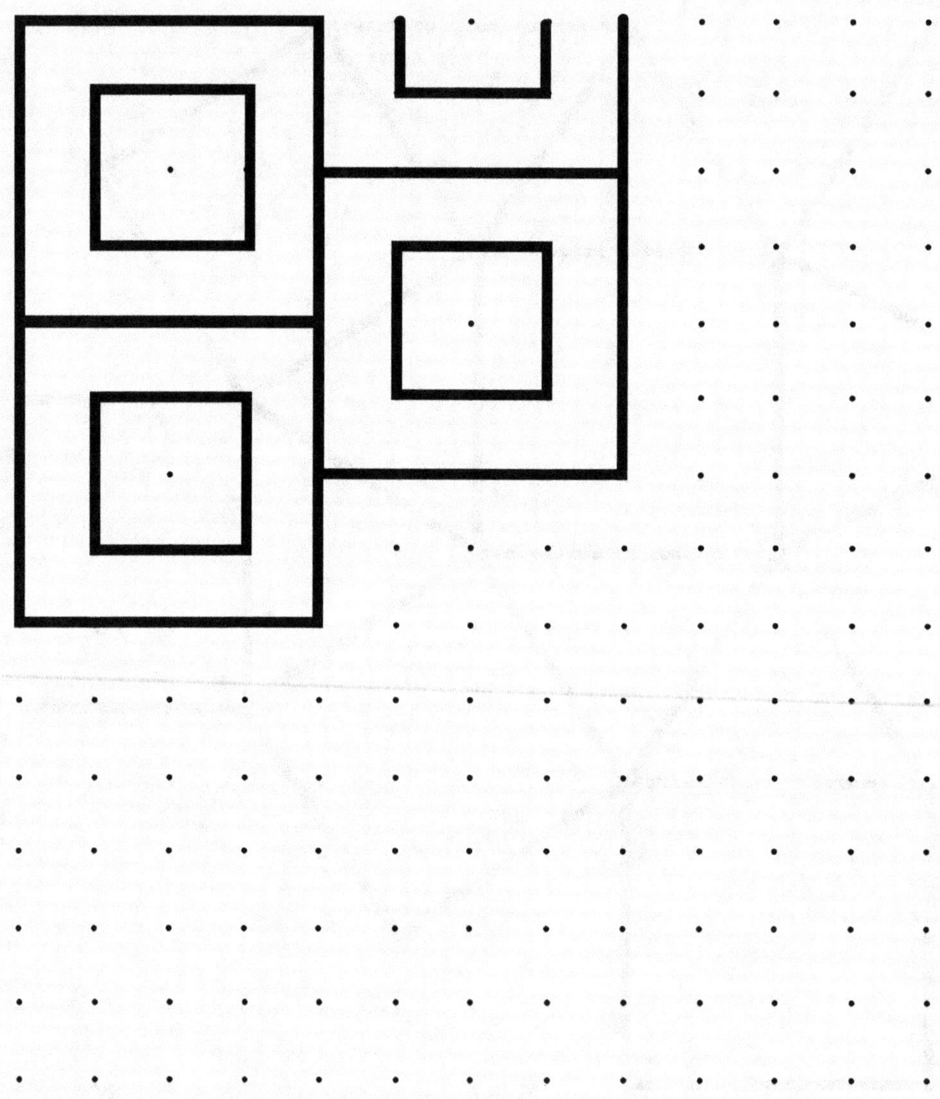

Escaleras

¡Trastorni ha demolido las escaleras de la parada del tren! ¡Reconstruyámoslas! ¡Con cálculo y esmero volverán a quedar bien!

En las paredes de la ludoteca

¡A este friso que adornaba las paredes de la ludoteca, por la mañana vino el mago y derritió como manteca!

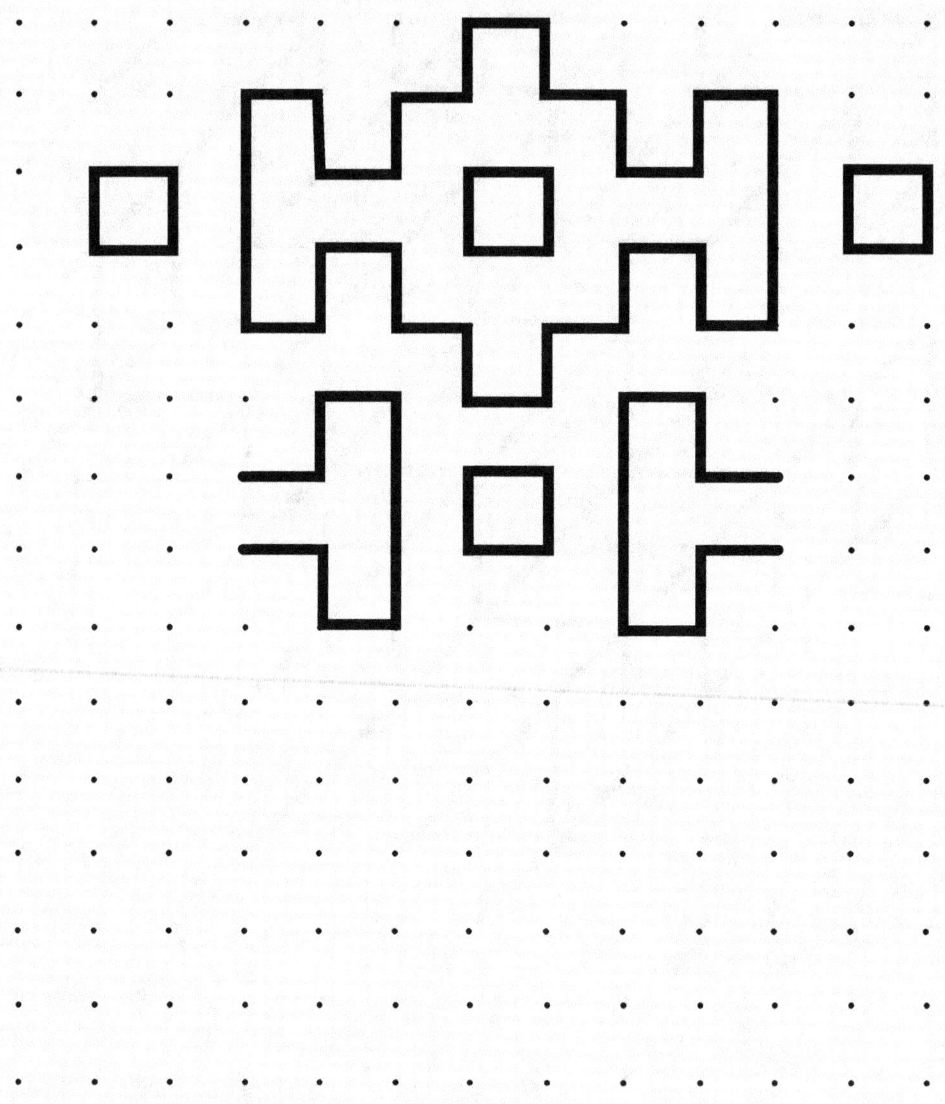

Edificios en barrio Naranjal

¡Un complejo residencial con edificios de forma hexagonal! ¡Con paciencia y mucha ciencia, el conjunto podremos completar!

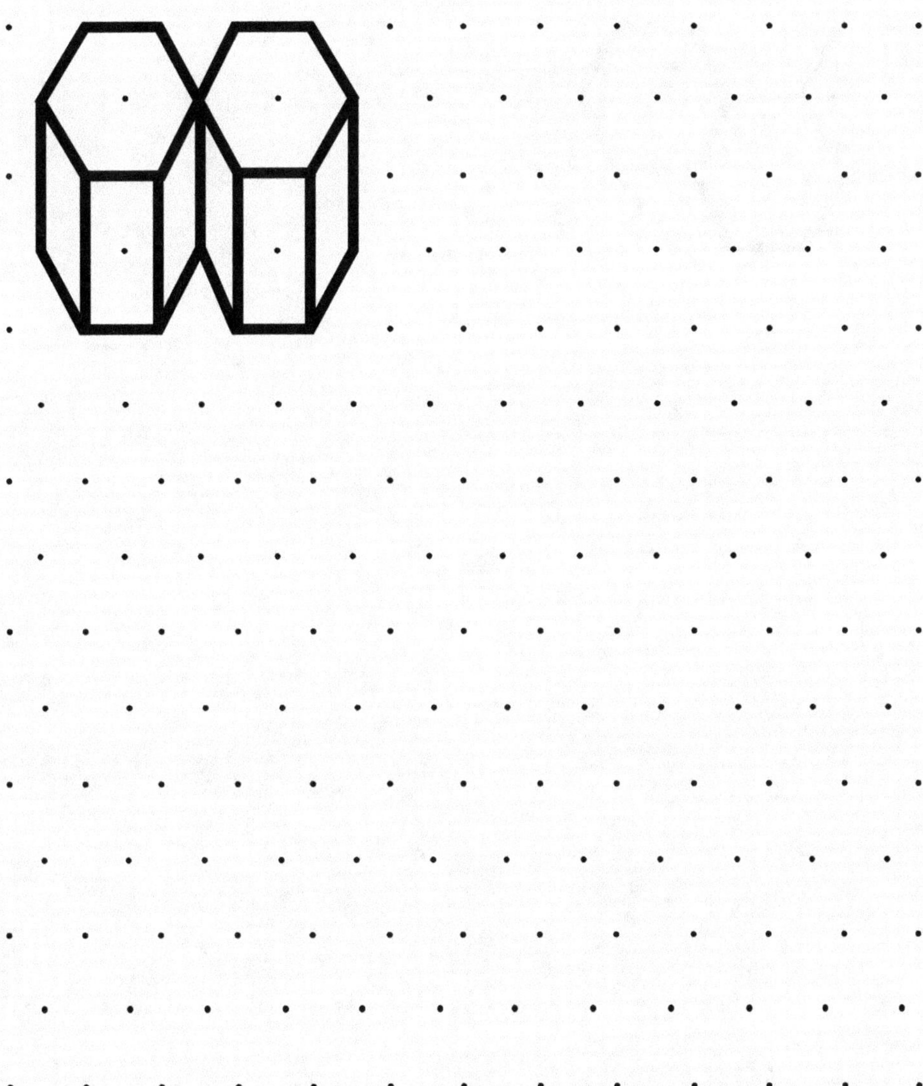

Una colmena

¡Los apicultures tienen muchas quejas, pues sin colmena se quedaron sus abejas! ¿Será que Trastorni las tenía entre cejas?

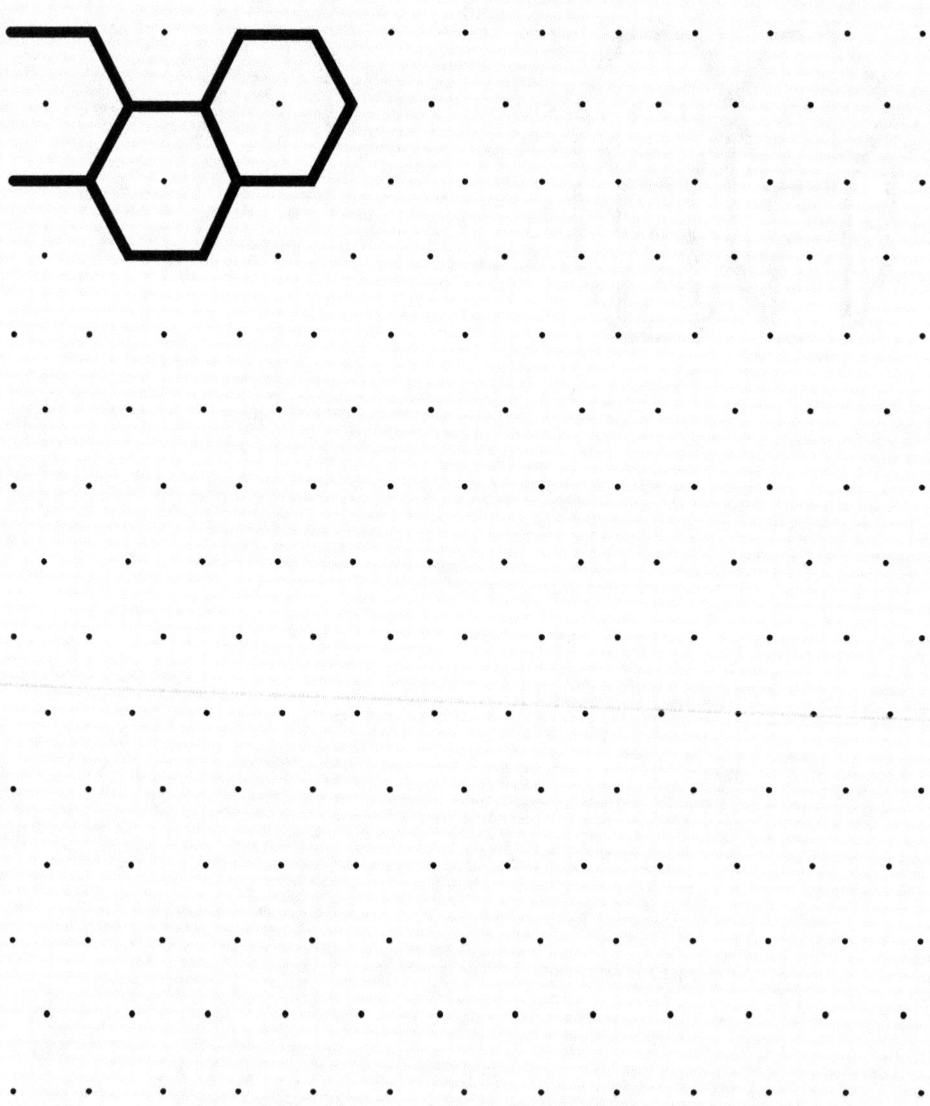

Los techos del barrio El Morichal

Estos techos que desde el cielo ves, tienen una curiosa estructura hexagonal. ¡Algún parecido tienen con las amenas colmenas!

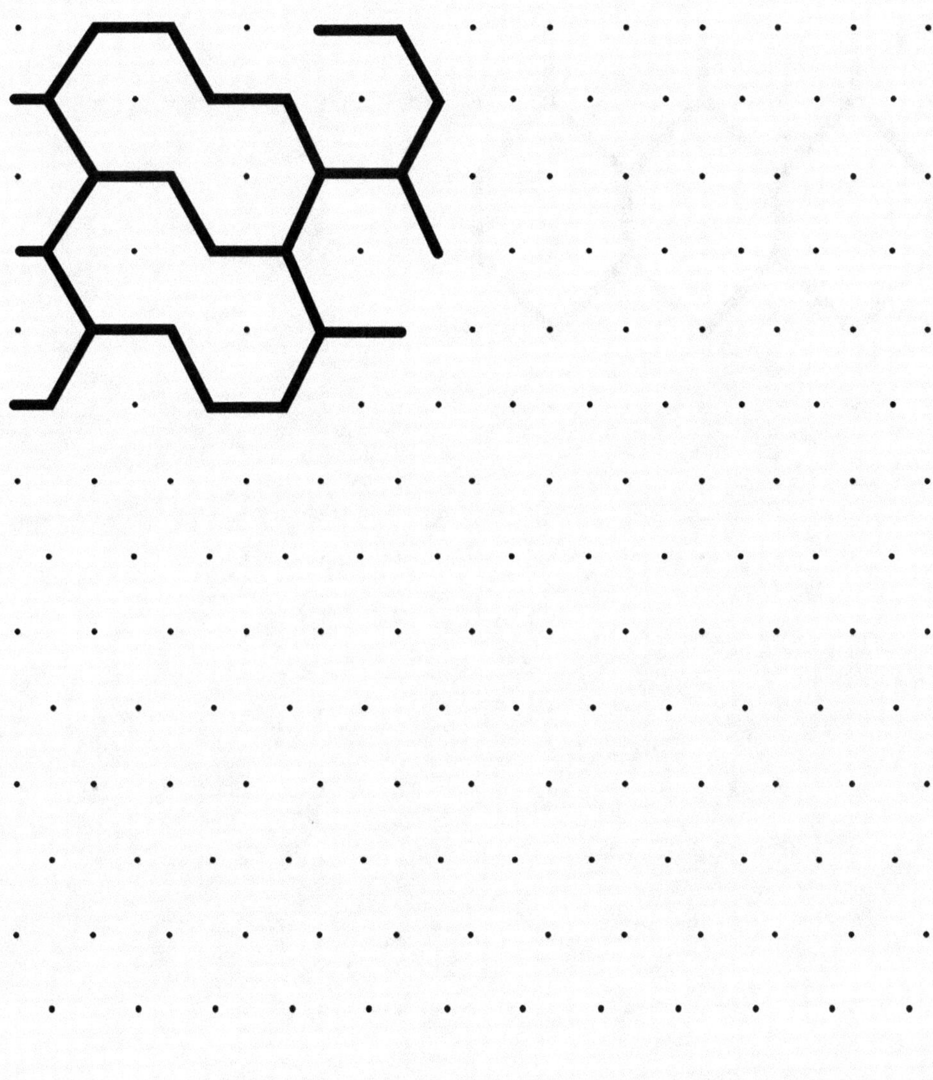

El techo de una cabaña

¡El techo de esta cabaña Trastorni desmanteló con mucha maña!

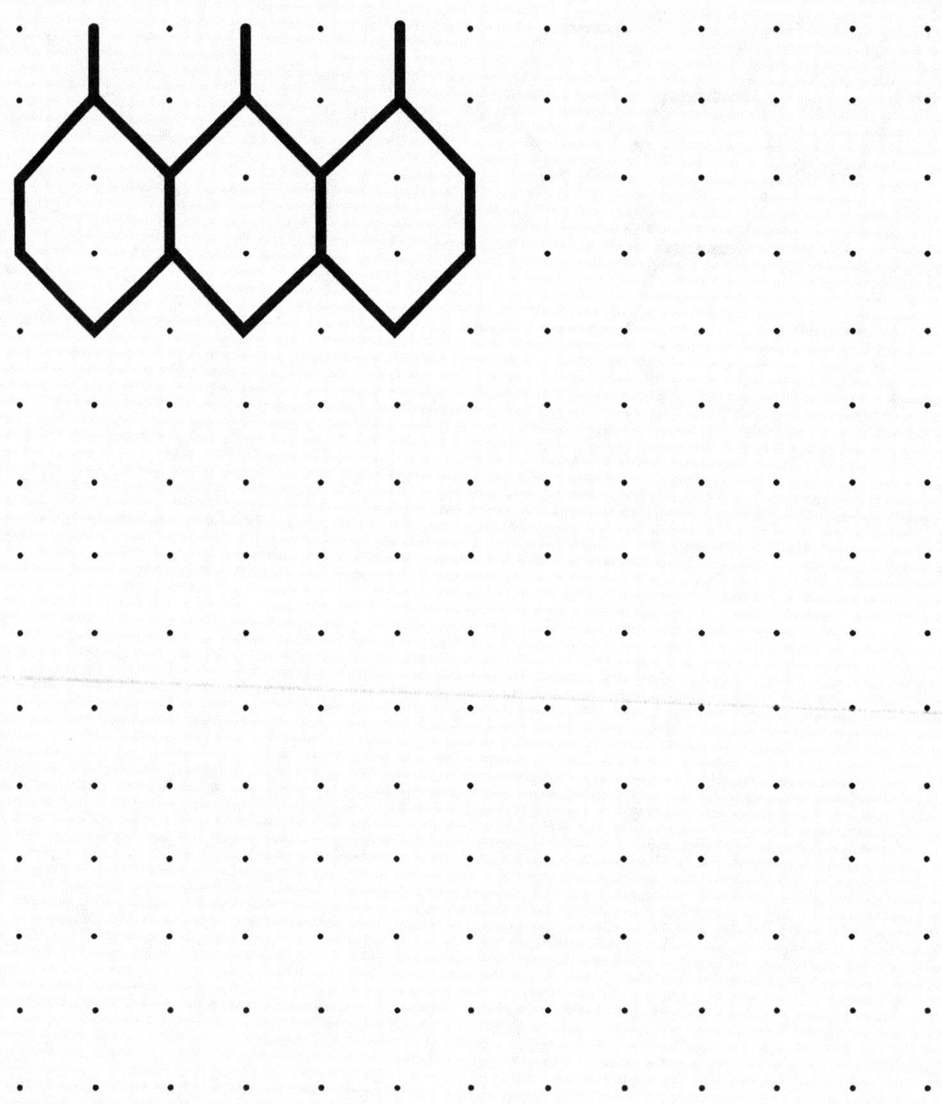

Los cultivos de Teseladonia

En los sembrados que rodean la ciudad se cultivan hortalizas de notable calidad. ¡Si me ayudas a manejar el arado, pronto completaremos su trazado!

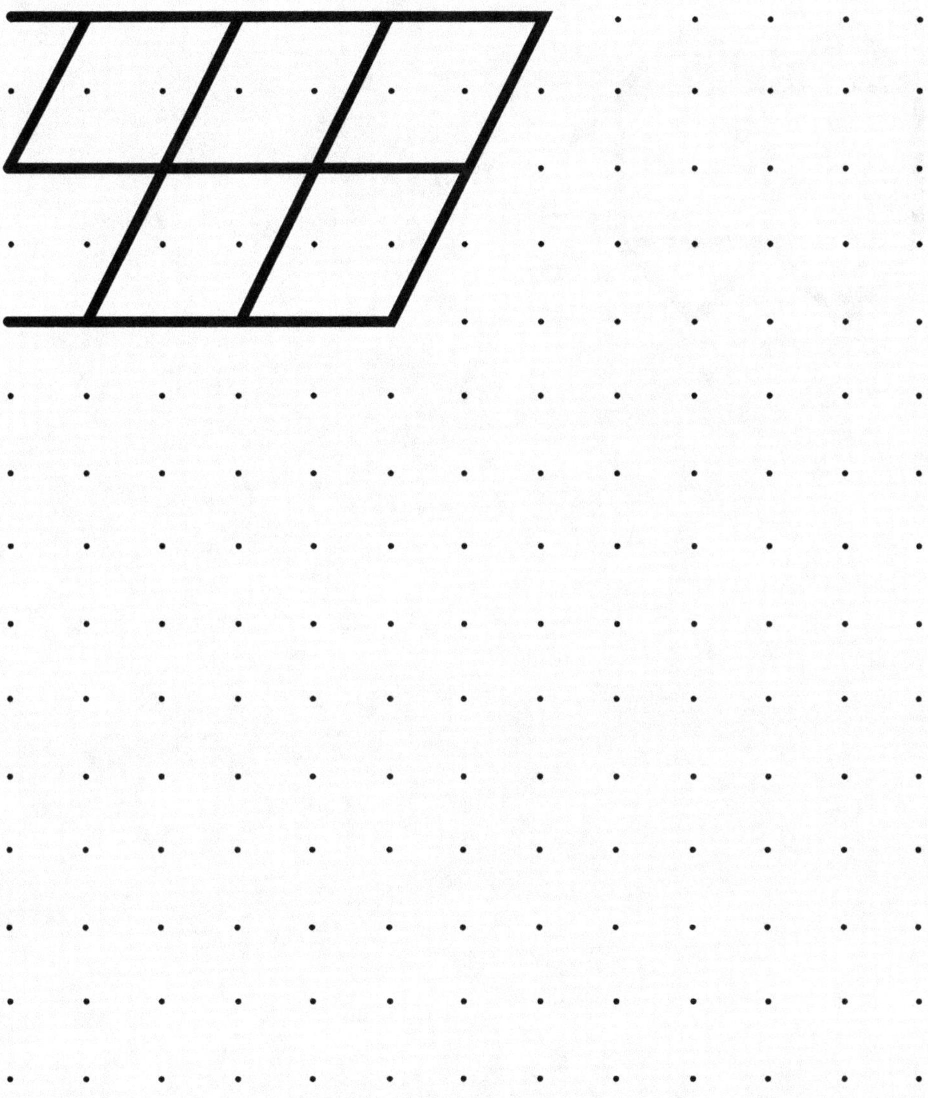

En el barrio El Frutal

¡Los techos del barrio El Frutal han sido afectados por un fuerte temporal! ¡No sabemos si fue el mago, pero es urgente que reparemos el estrago!

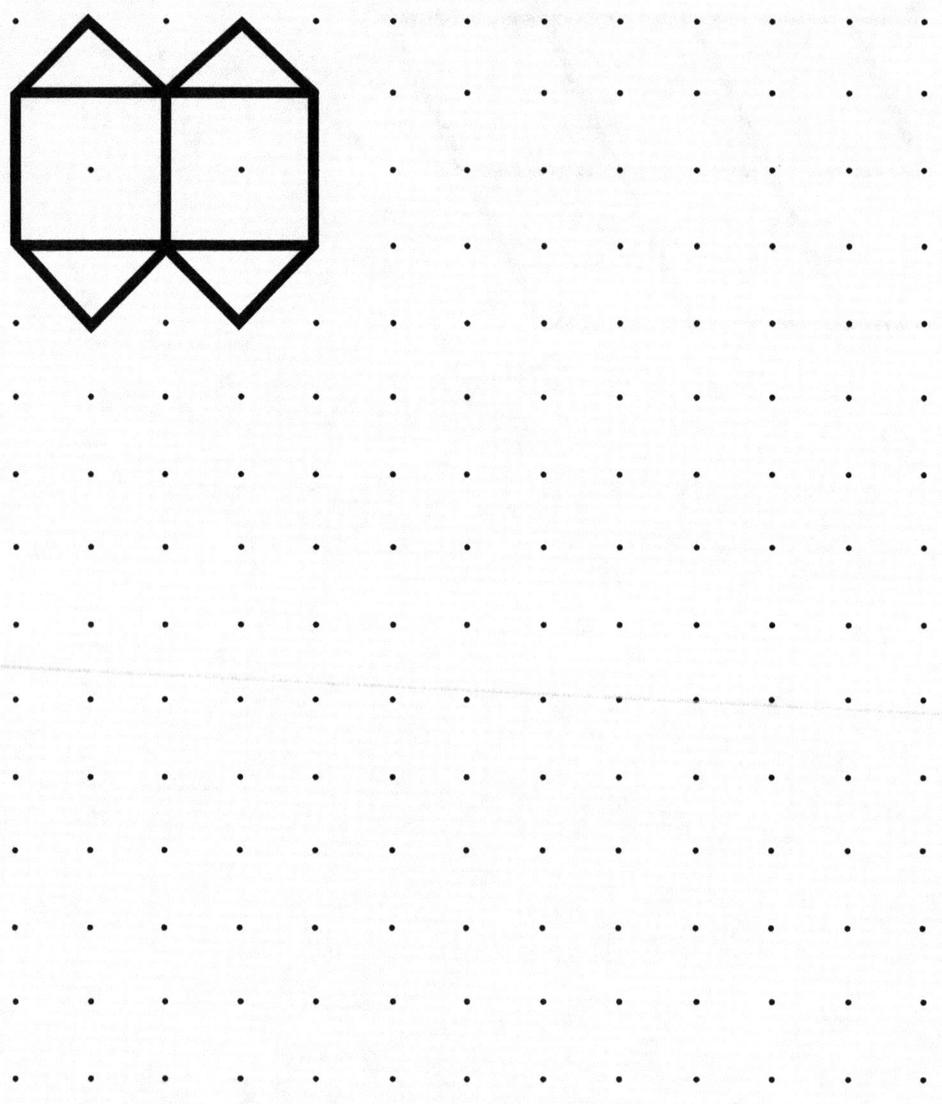

Un adoquinado

¿Qué le ocurrió al adoquinado de la entrada del juzgado? ¡Para reparar los destrozos, tendremos que ordenar los trozos!

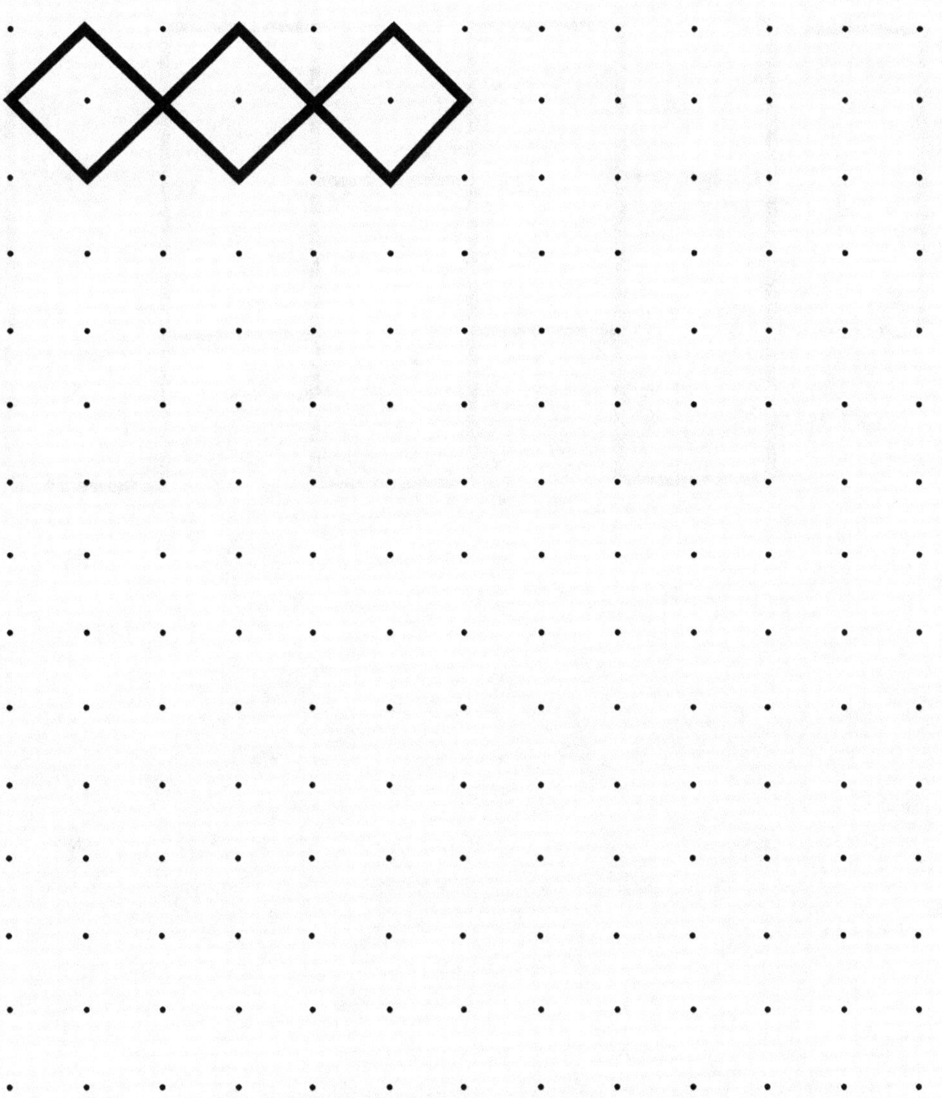

Las paredes de la Universidad

¿Qué les ocurrió a las paredes de la Universidad? ¡Estos bloques rectangulares ordenaremos con nuestras destrezas singulares!

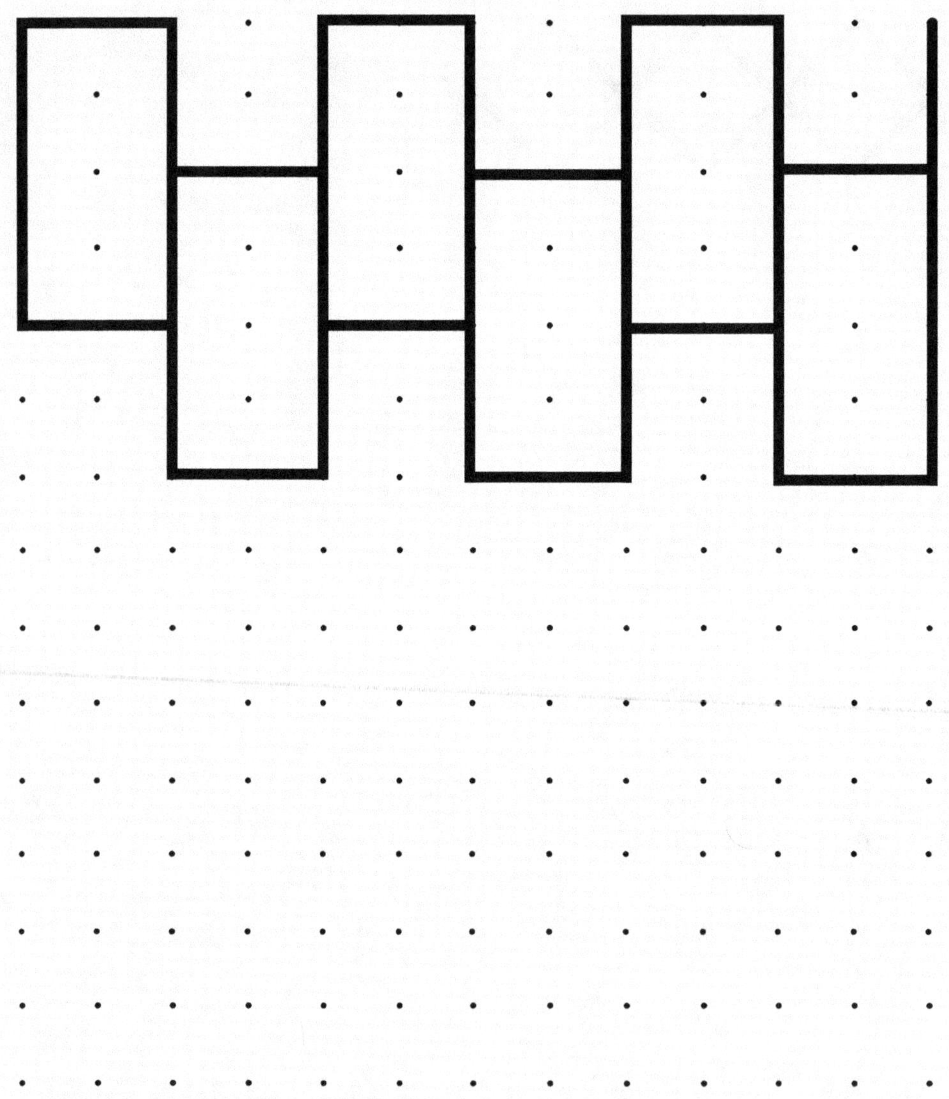

Una cebra en la avenida

Los teseladonios, transeúntes ejemplares, ponen cebras bajo semáforos y "pares". Sin cebras el tráfico se estanca, ¿te parece si las completamos con pintura negra y blanca?

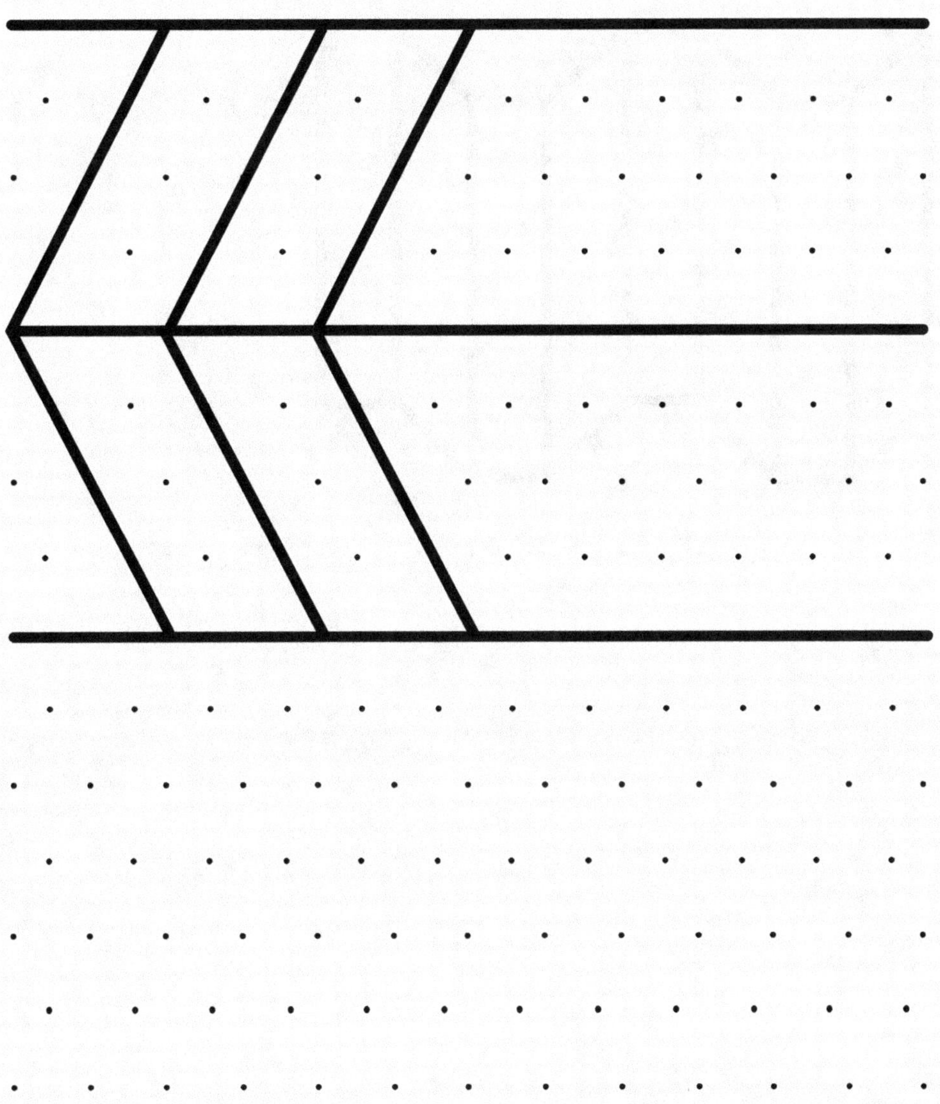

El Sideral

En Teseladonia planean un centro comercial llamado “El Sideral”. Altos serán sus edificios, levantados con modernos artificios. ¿Cómo sería su aspecto si ofrecieras tus servicios de arquitecto?

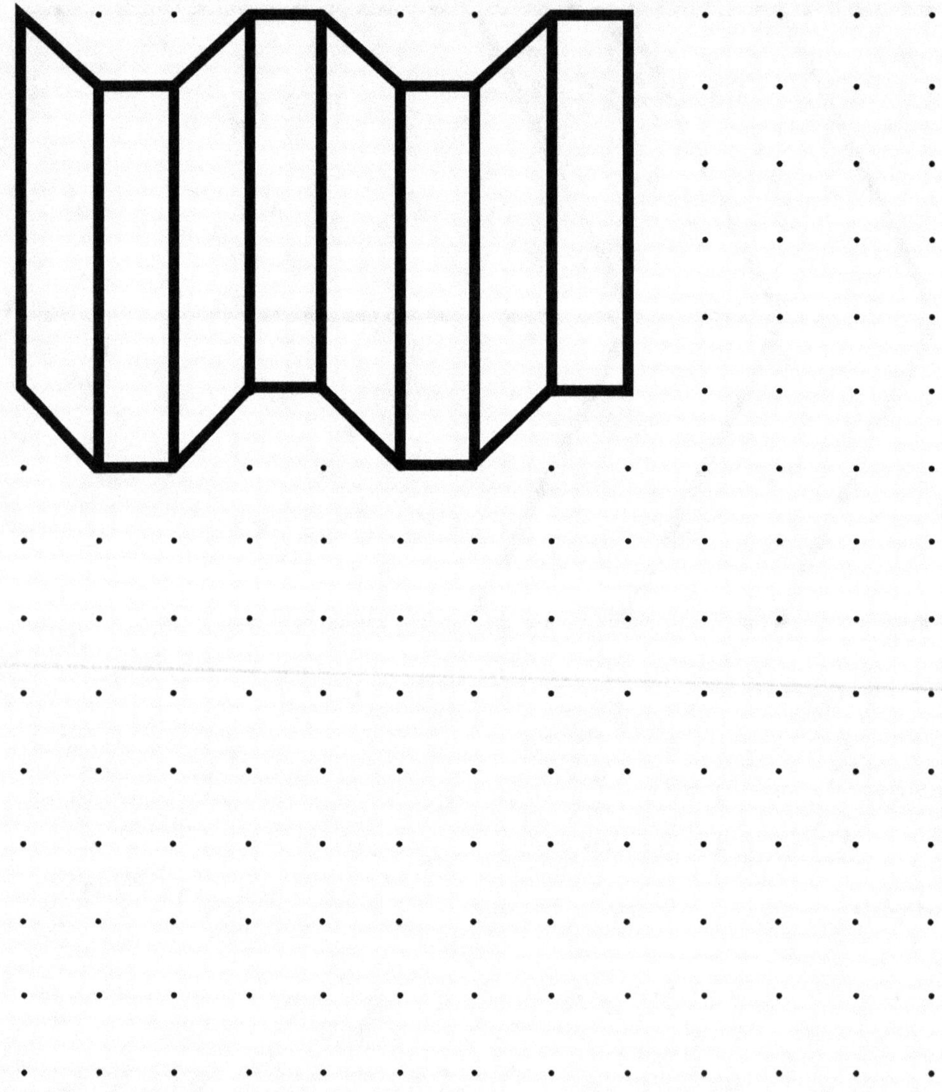

En el Banco Estelar

En las oficinas del Banco Estelar el espacio es necesario optimizar. ¡Para lograr un desempeño eficiente, comencemos por la zona de "Servicio al Cliente"!

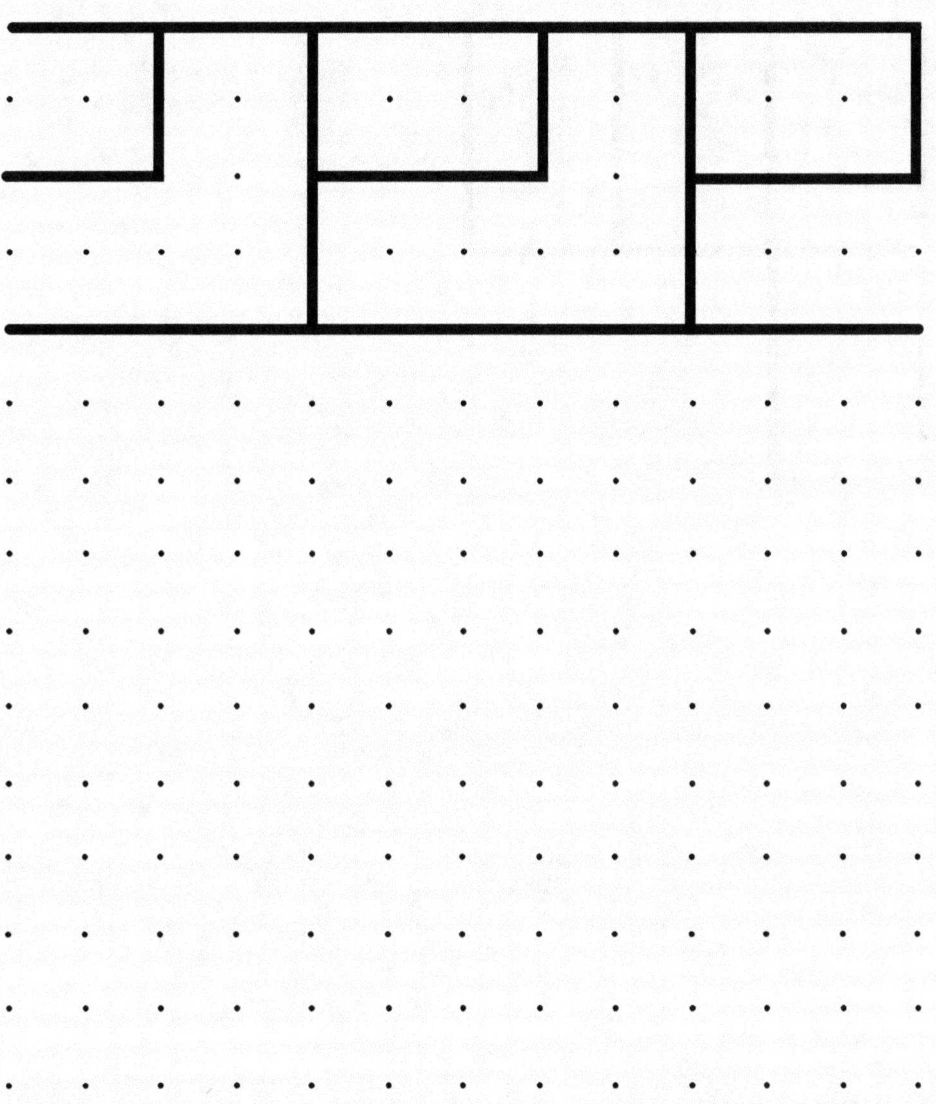

Las canchas de tenis

Las canchas de tenis del Centro Deportivo tienen, si bien las miras, un diseño de lo más creativo. Pero como la afición a este deporte no deja de aumentar, ¡más canchas debemos fabricar!

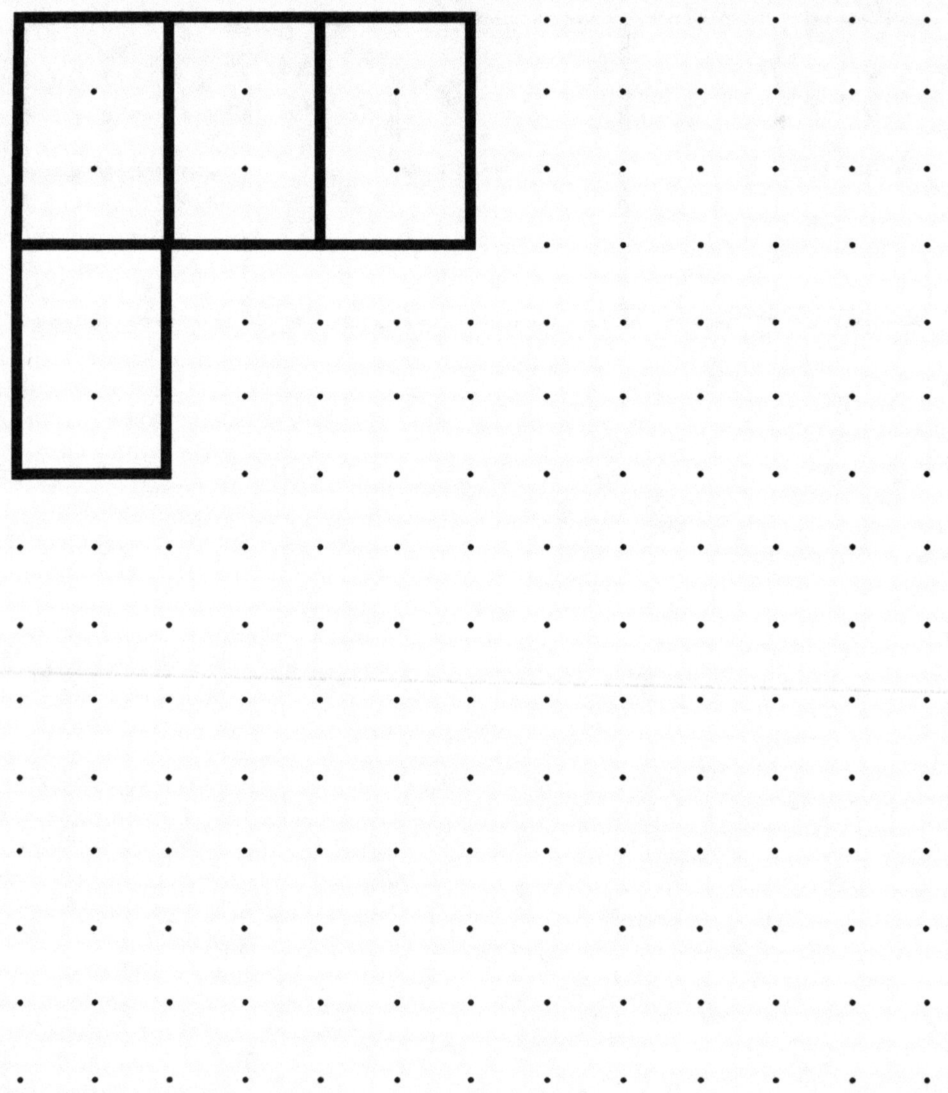

Las canchas de tejo

El tejo es un deporte popular que en Teseladonia se practica sin cesar. Hacer más canchas es una tarea urgente, ¡hagamos un trazado inteligente!

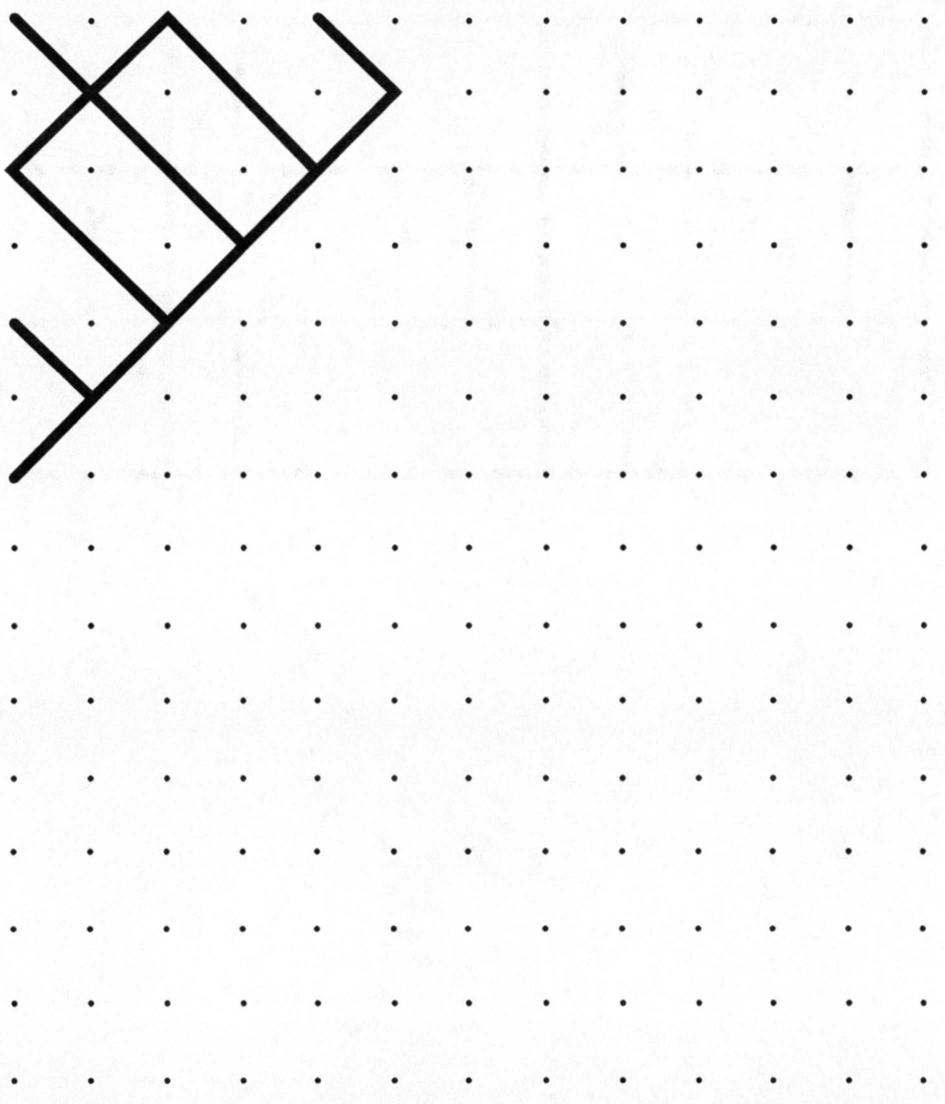

Un gran ventanal

Trastorni por las ventanas parece obsesionado, y aquí unas cuantas rejas ha quitado. ¡No será difícil completar el ventanal, si en ello pones tu destreza sin igual!

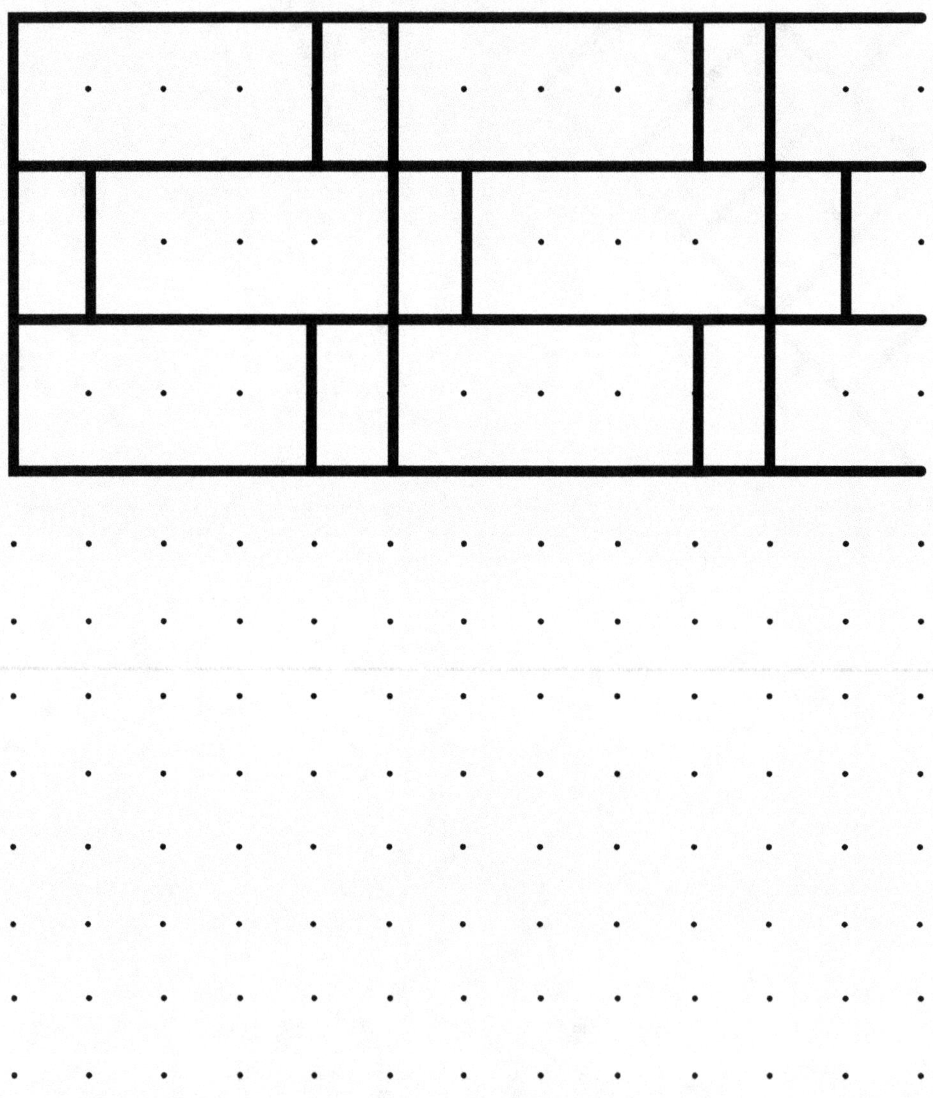

Un diseño textil

En elección de sus vestidos, los teseladonios son muy inventivos. ¡Con buen trazo y color, este diseño será todo un primor!

El barrio El Verbenal

En el barrio El Verbenal los pisos son como un panal. Trastorni vino por estos lados, y los pisos dejó desmantelados. ¡Arreglemos semejante mal!

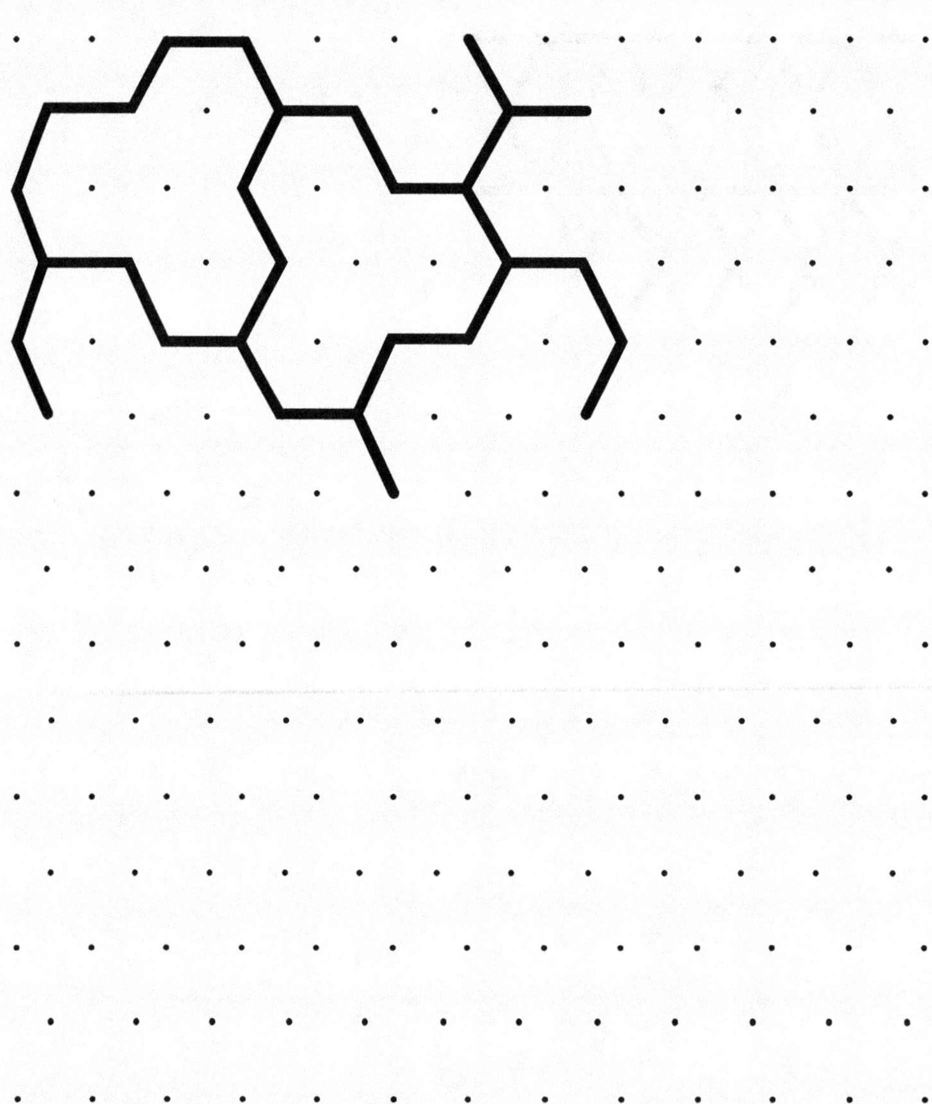

La idea de Trastorni

Trastorni ha tenido la ocurrencia de hacer un acto de conciencia: ¡estas baldosas pegó en un edificio, esperando que tú termines el oficio!

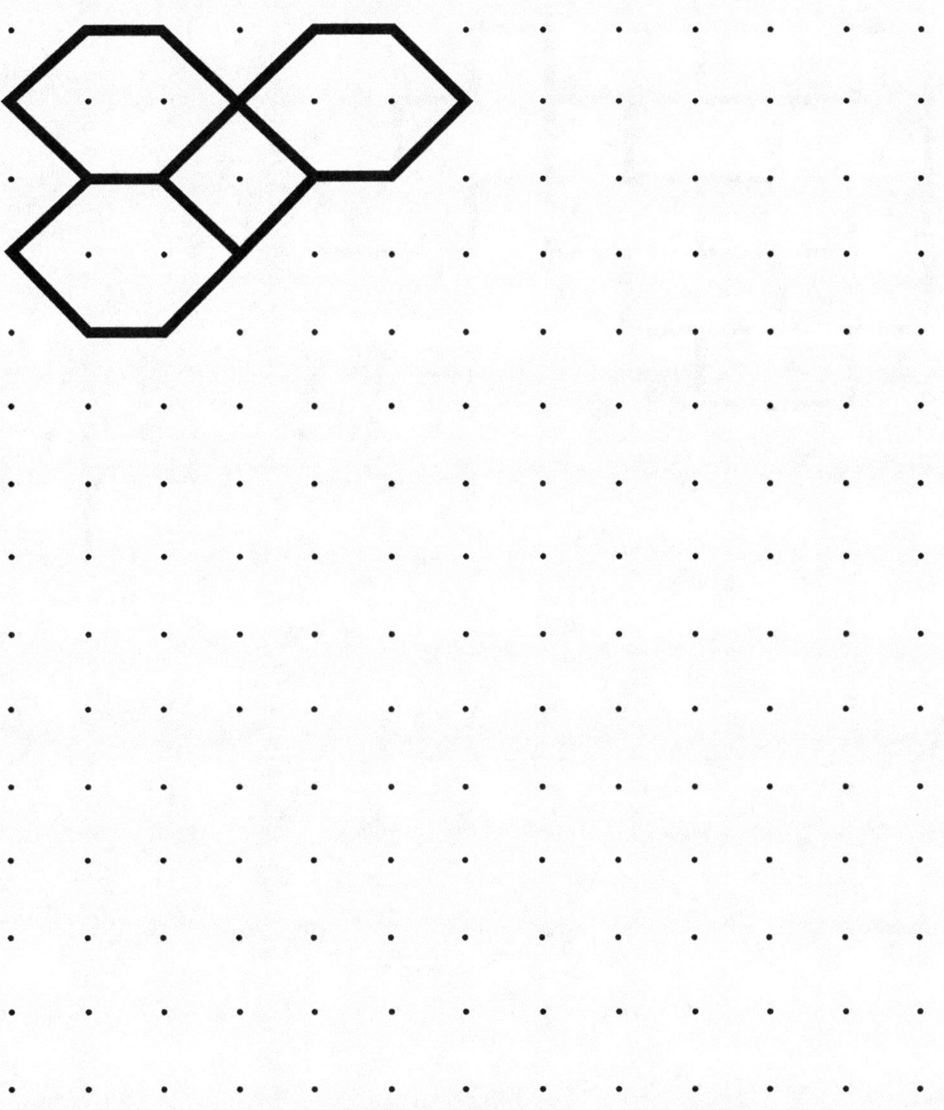

Otra ocurrencia del mago

¡Qué mago misterioso! ¡Ahora se dio a tejer un vestido esplendoroso! ¿Quieres ayudarle a terminarlo? Es de zigzags y fibra de fique, ¡Ni mandado a hacer para un cacique!

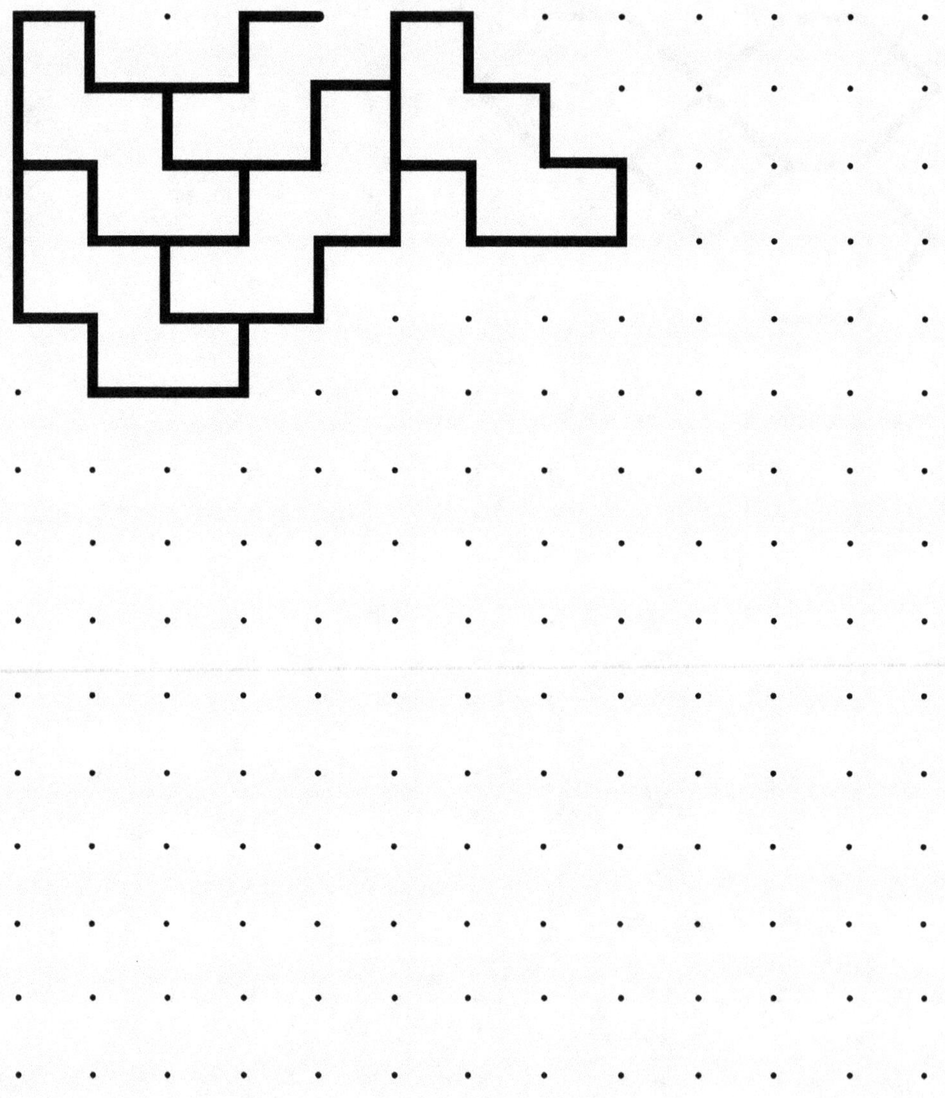

Un laberíntico jardín

Este jardín, aunque parezca un laberinto, si lo miras bien lo encontrarás distinto.

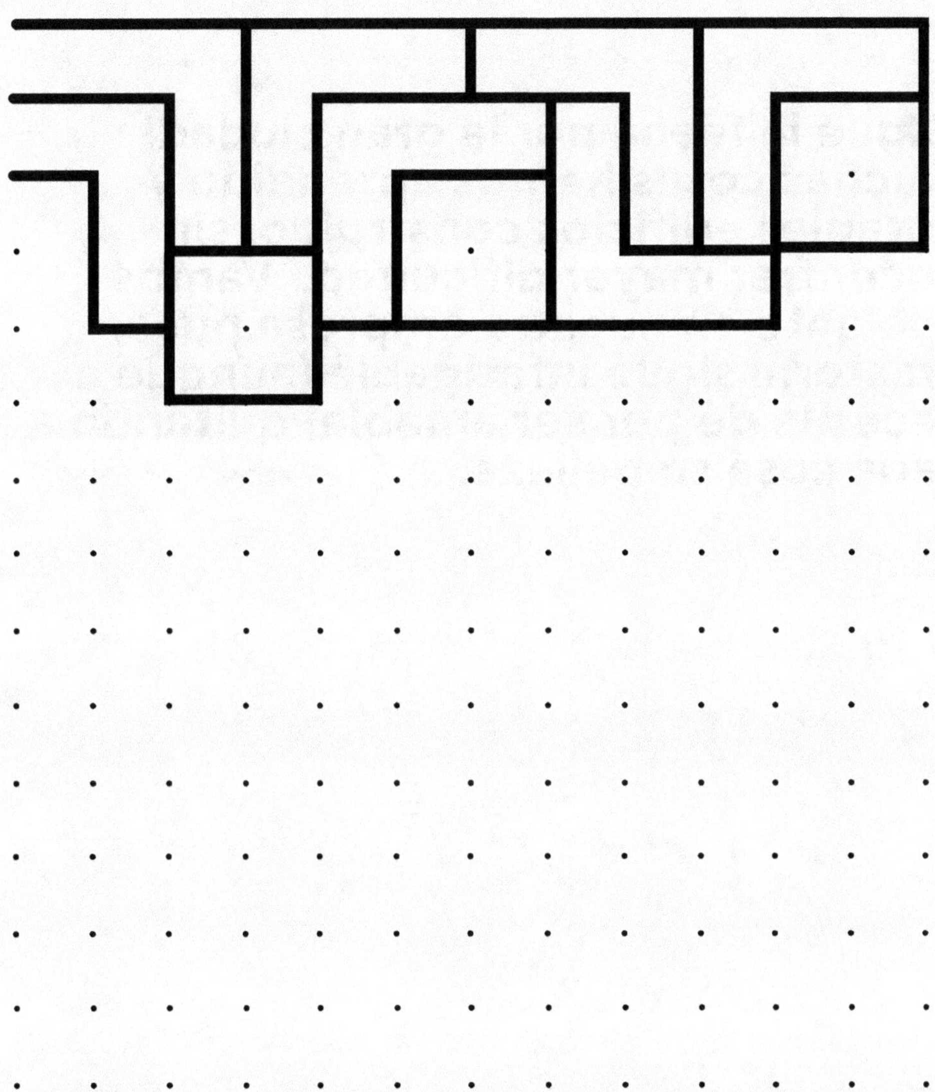

¡Sigue la faena por la gran ciudad! Muchas cosas hemos aprendido y notables edificios construido, sin encontrar mayor dificultad. Vamos adelante en nuestra empresa pues, Trastorni sigue infatigable (aunque a veces le dé por ser amable) quitando a cada cosa su belleza.

Un muro muy común

¿Qué opinas de este muro de ladrillo? Muchos iguales has visto, pues es su forma muy común, pero es ciencia de notable ejecución la de empatar ladrillo con ladrillo sin perder la orientación.

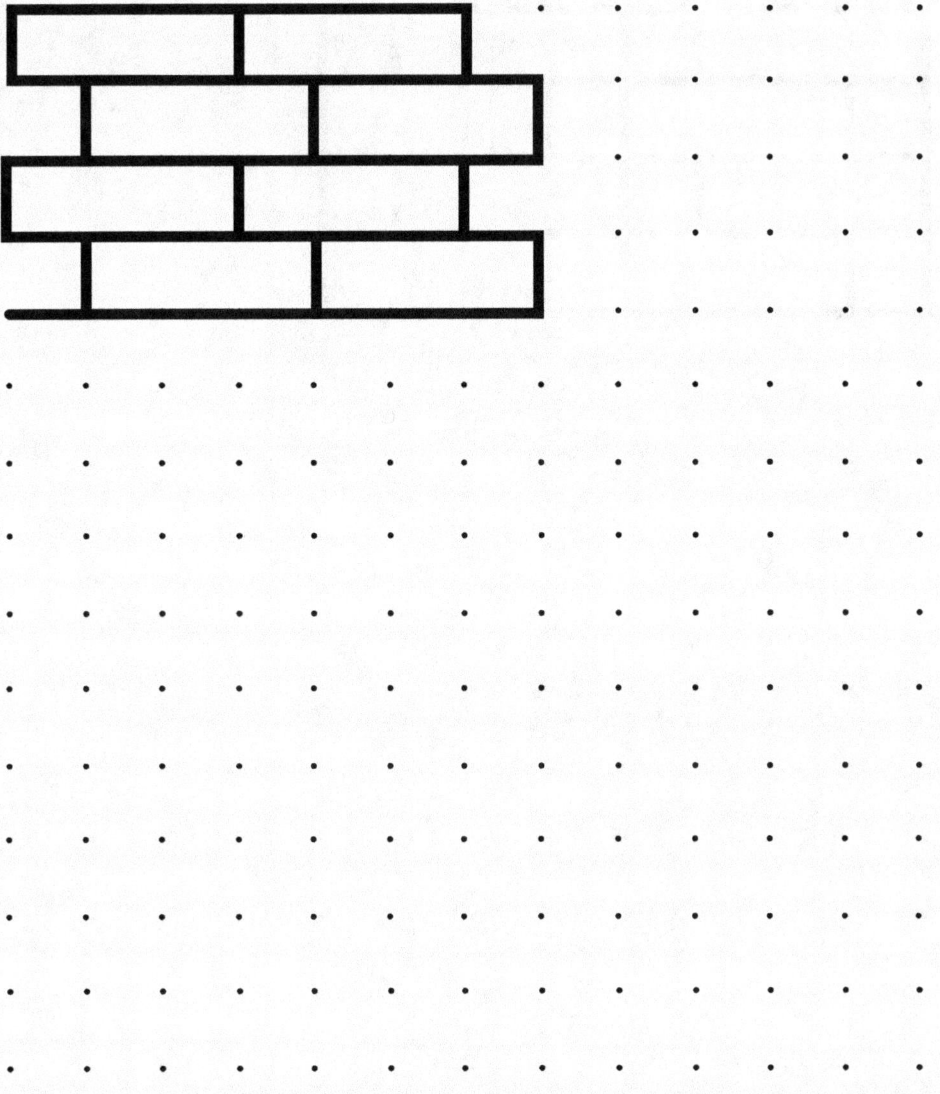

Los baños del estadio

Los muros de los baños del estadio han quedado a medio hacer. El alcalde nos propuso terminarlos y con colores vivos dibujaros, ¡Adelante, no hay tiempo que perder!

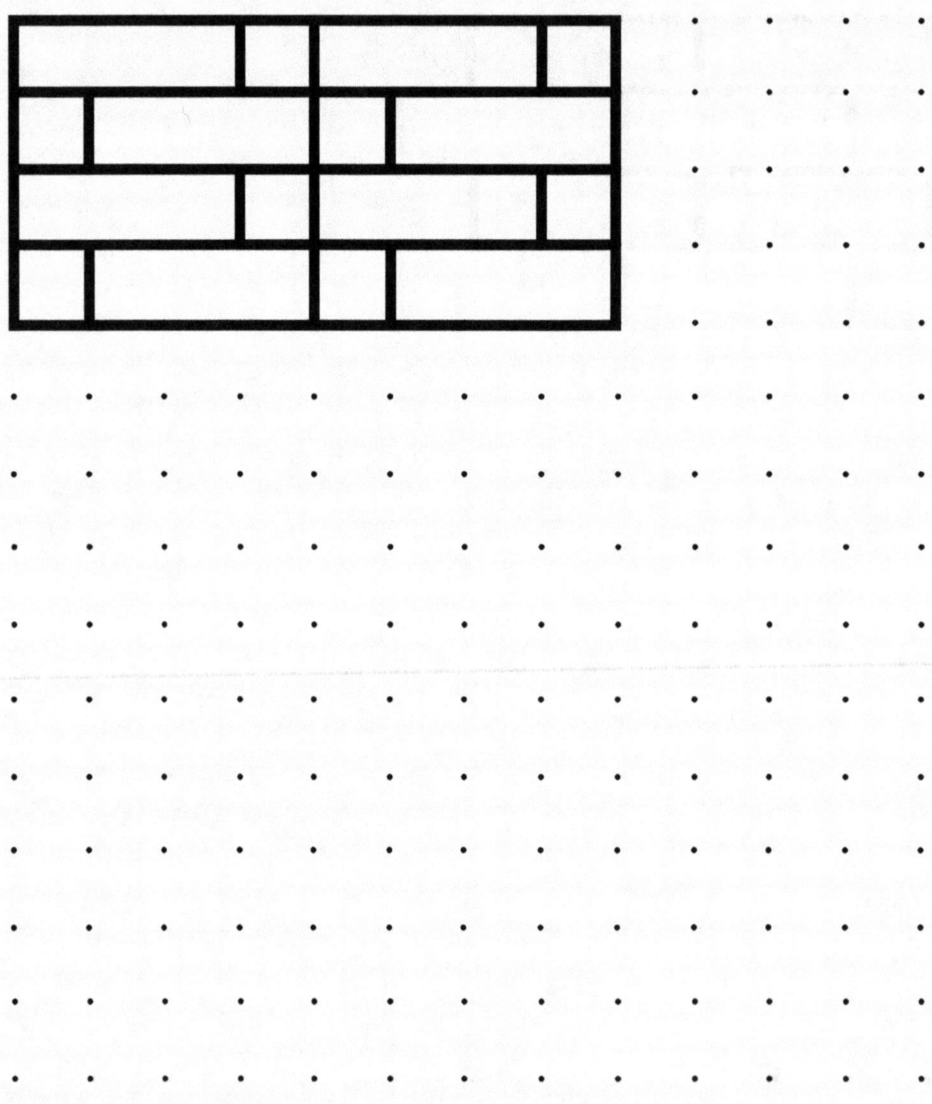

Las paredes del nuevo teatro

El muro del teatro, con ladrillos rectangulares y cuadrados, a sus constructores tiene atareados. ¡Démosles una mano! ¡Con cálculo y paciencia, en poco tiempo lo veremos terminado!

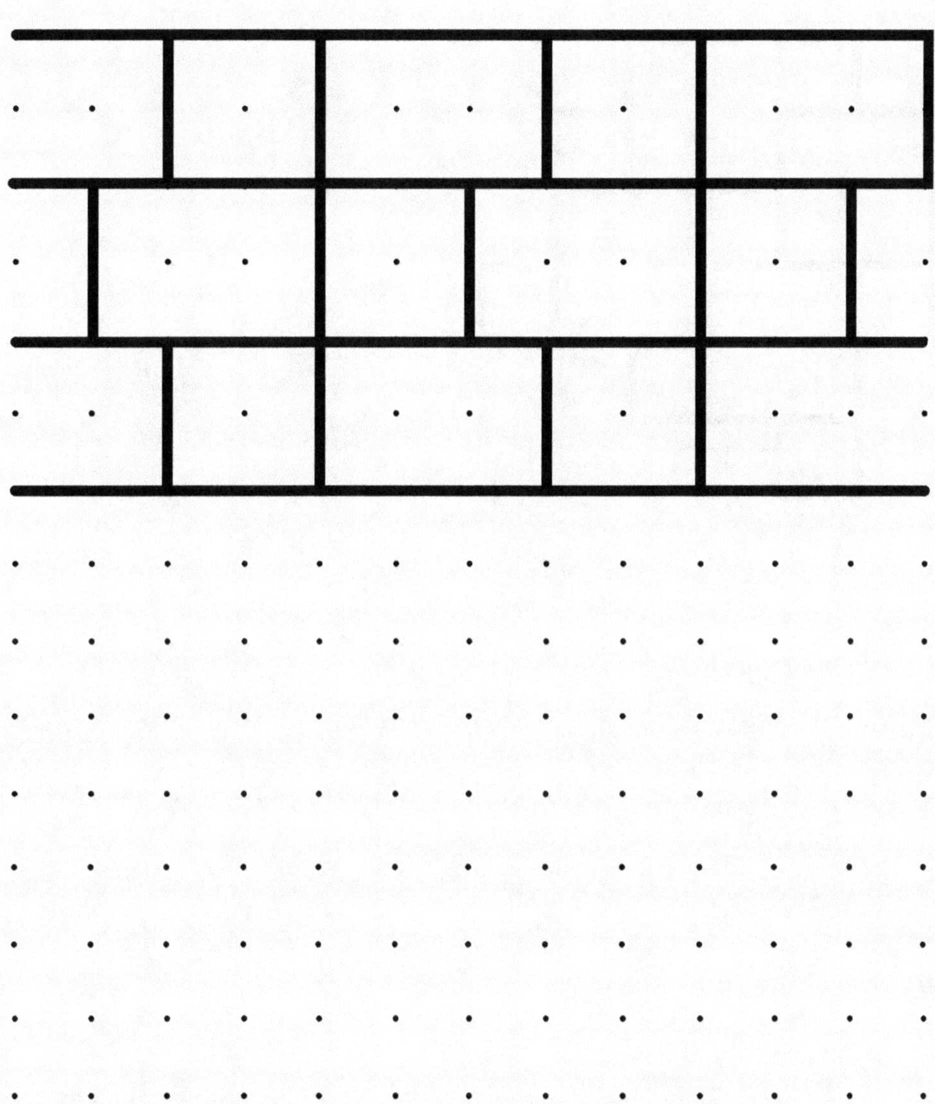

El muro Centro de Bomberos

Con sus ladrillos de dos tamaños, este muro tiene ciento veinte años. ¡Pero Trastorni vino y lo echó abajo, y nos ha dejado un gran trabajo!

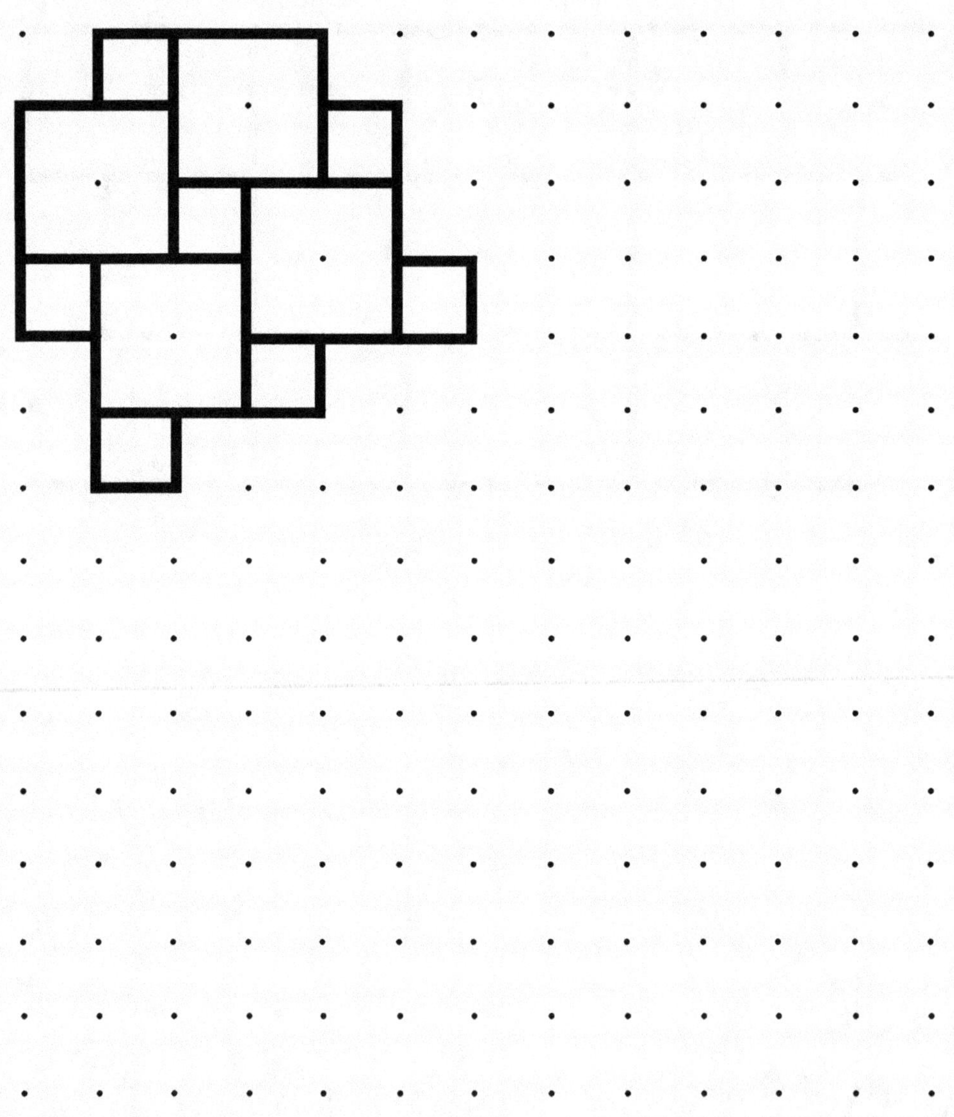

Un muro de escalada

En el muro donde los escaladores se ejercitan unas nuevas tablas necesitan. ¡Con mucho pulso vamos a ensamblarlas, pero antes tendremos que cortarlas!

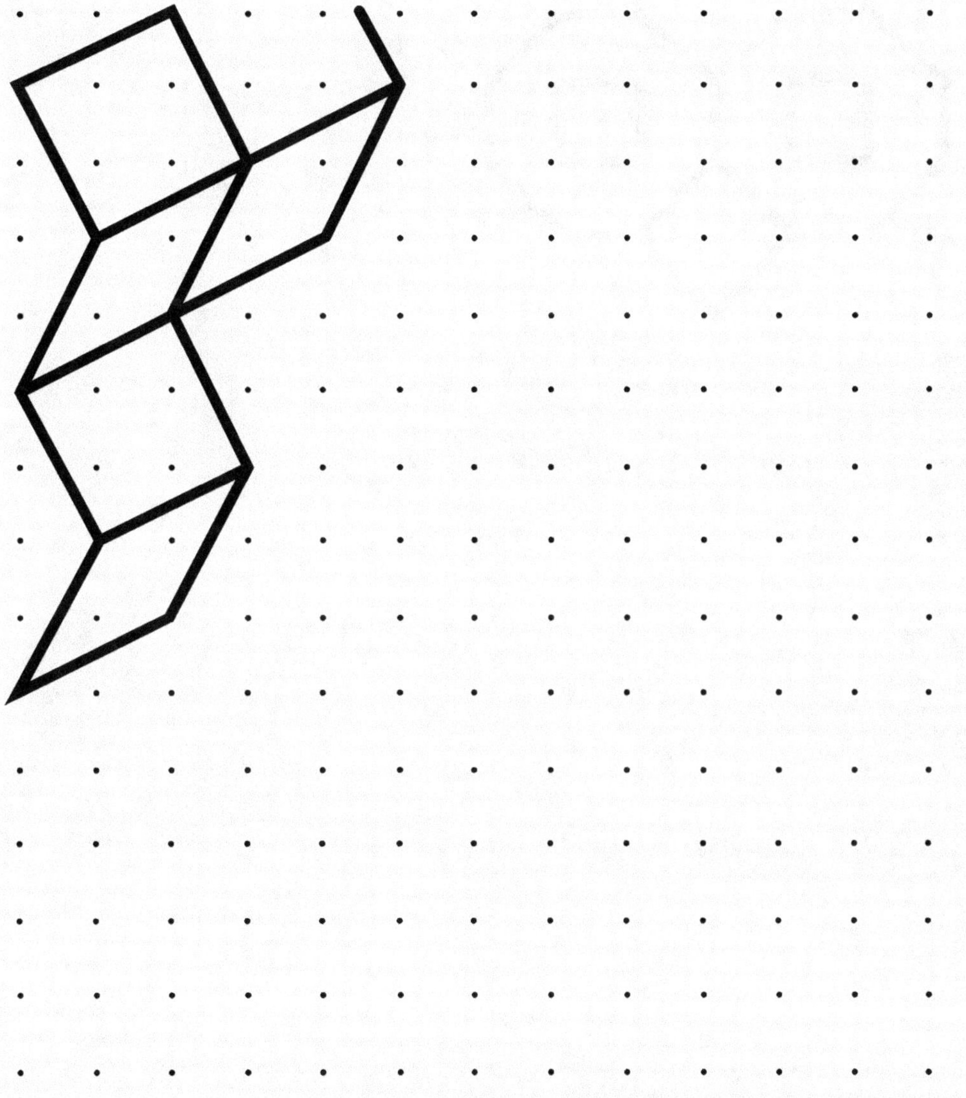

Las ventanas del Cuartel

Los cuartos del Cuartel General tienen un diseño octagonal. De sus ventanucos cuadrados (donde los soldados se la pasan asomados), han sido por Trastorni despojados.

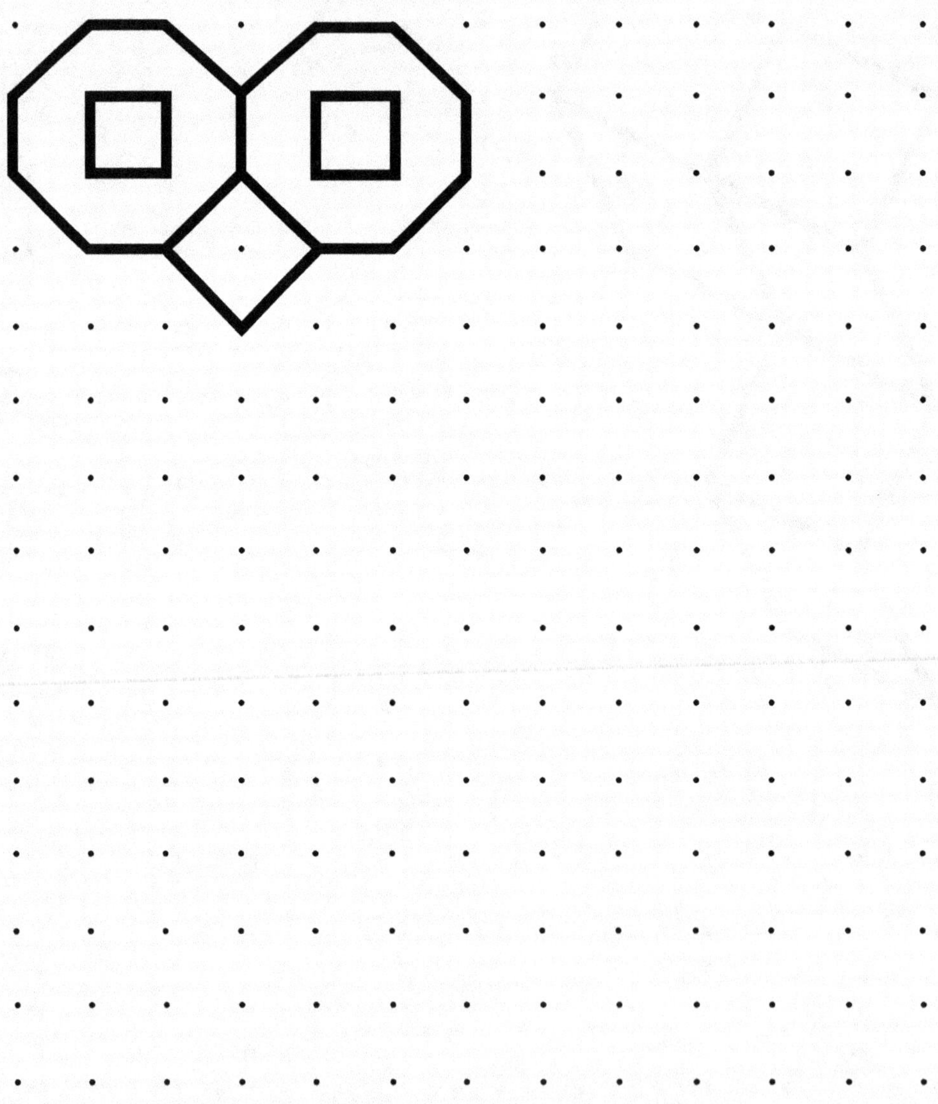

El vitral de la catedal

¡Si sus estructuras conseguimos reparar, un lindo vitral podremos apreciar!

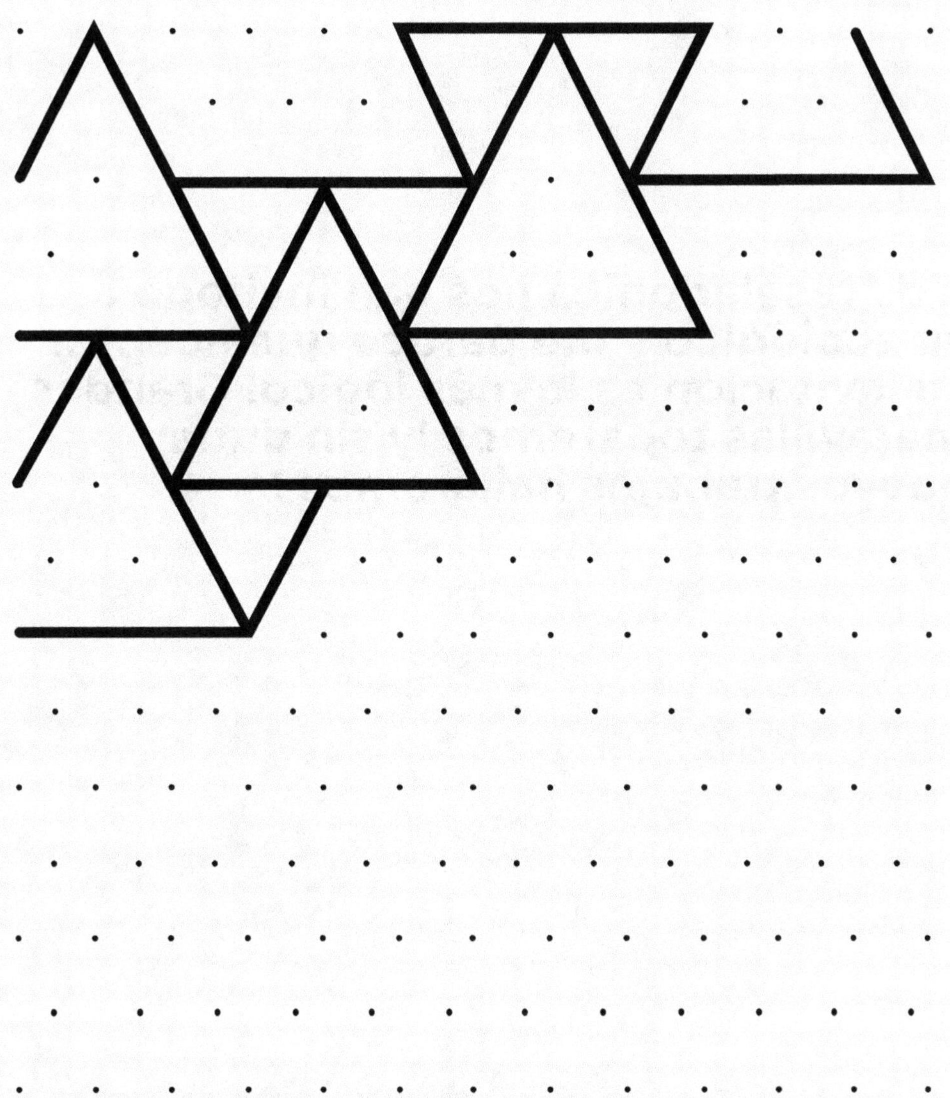

¡Los teseladonios nos han invitado a su zoológico y me parece que aceptar su invitación es lo más lógico! Grandes maravillas toparemos ¡y sin duda nuevos trabajos hallaremos !

Loros de colores

¡A los loros de las islas Canarias, adornados con plumas increíbles, Trastorni vino y los dejó casi invisibles!

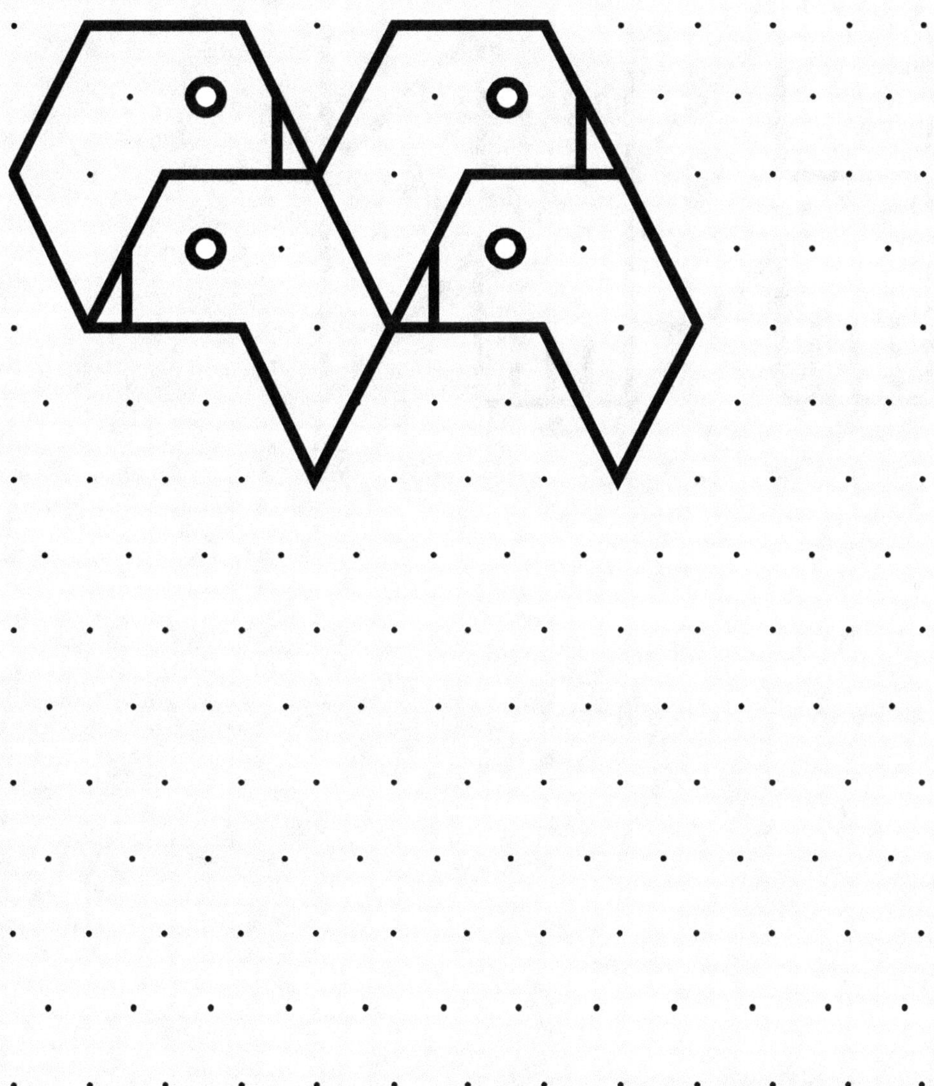

Los pájaros carpinteros

¡Mira estos carpinteros con sus picos tan certeros! Trastorni vino al bosque y unos cuantos ahuyentó, ¡pero pronto –si me ayudas– a sus troncos volverán!

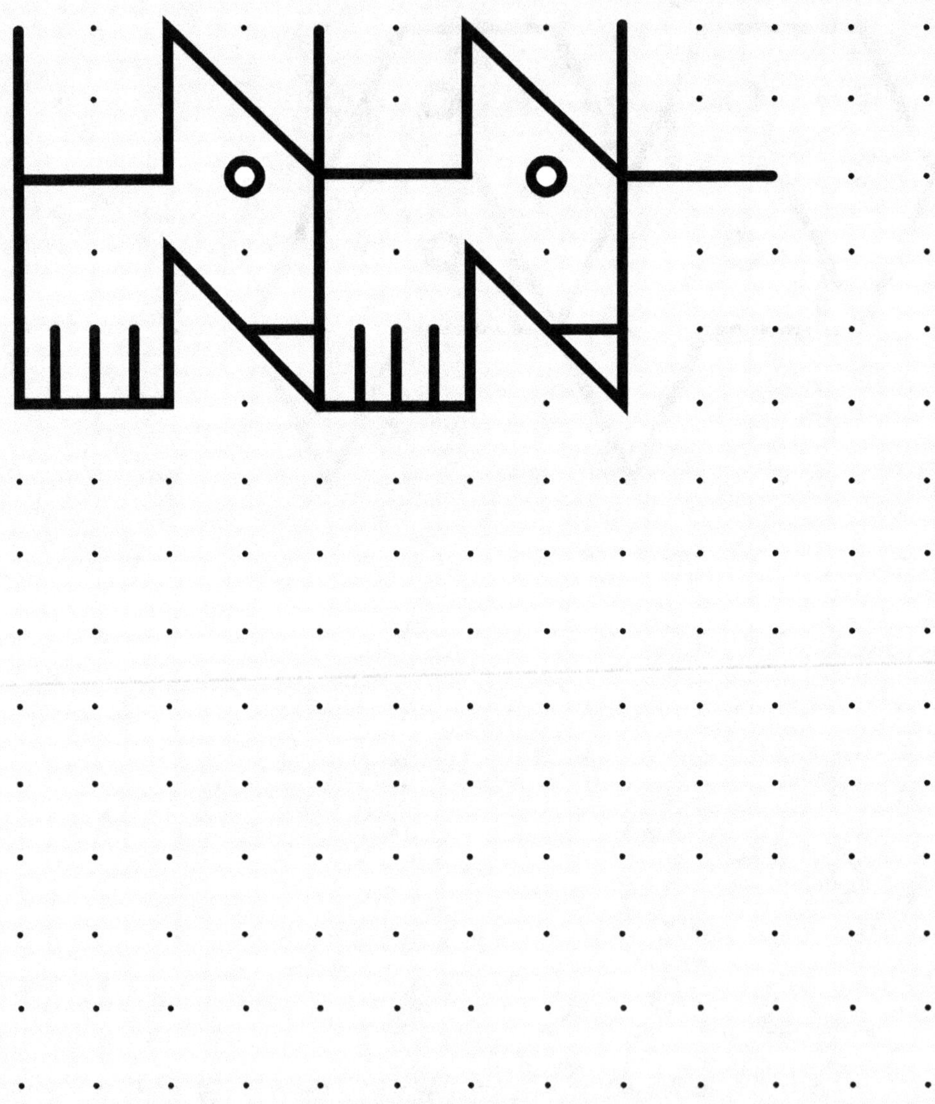

Brontosaurios

¡Por el inmenso zoológico, aunque no parezca lógico, se pasean unos brontosaurios de verdad! ¿Quieres verlos todos? ¡Te propongo sus cuerpos dibujar!

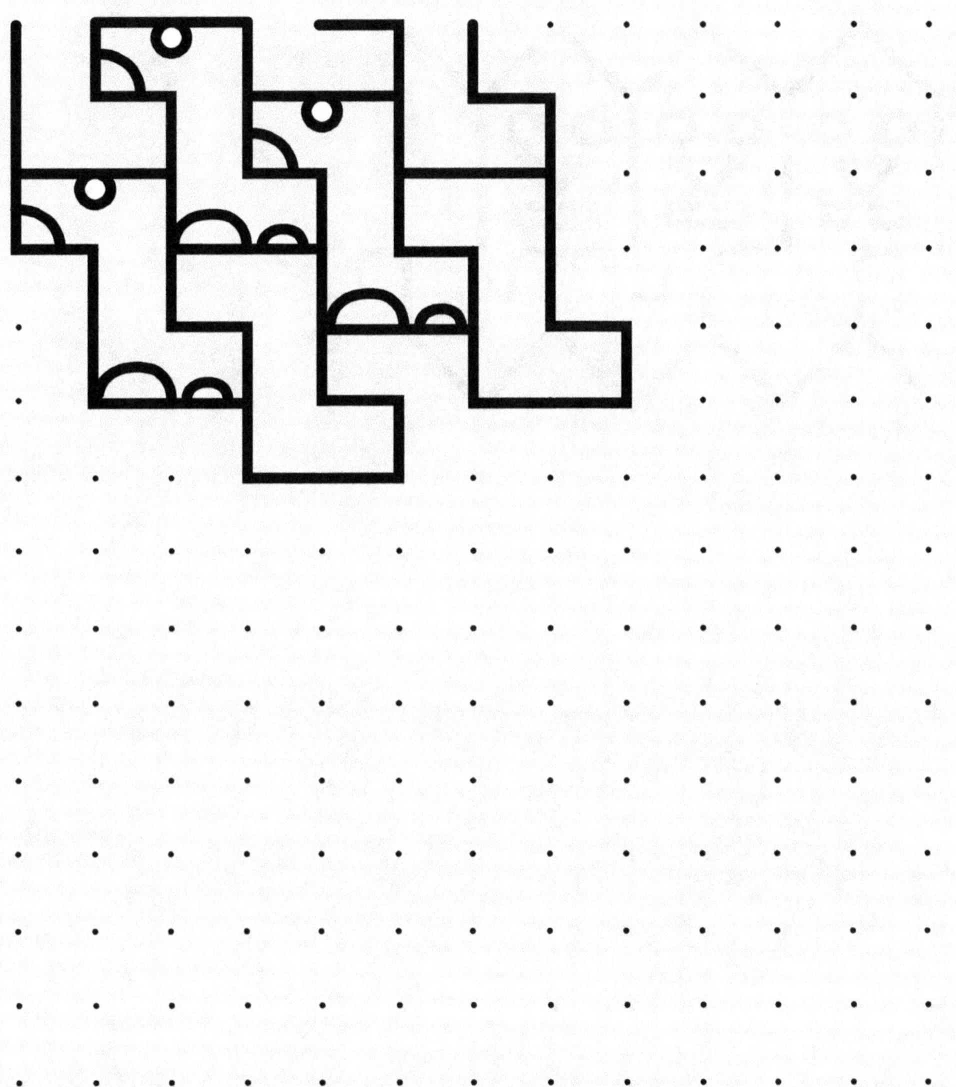

Extraños animales

¿Qué animales serán estos que nos miran boquiabiertos?

Mantarrayas

En los acuarios del zoológico hay hermosas mantarrayas. ¿Te atreves a completarlas con colores y con rayas?

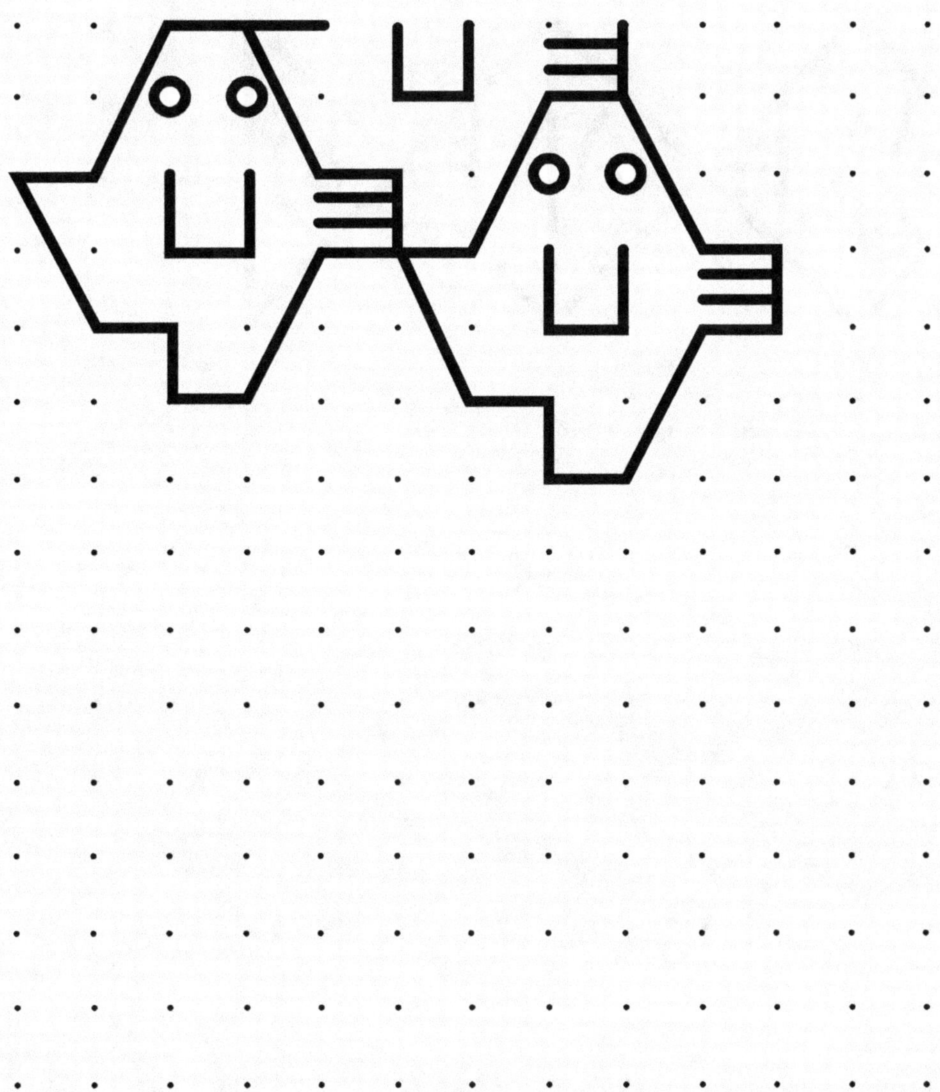

Peces multicolores

¡Los peces del mar Pacífico son ciertamente algo magnífico! Pero a Trastorni le dio por pescarlos, ¡y ahora tendremos que salvarlos!

Pastores siberianos

He aquí una linda camada. Estos cachorros nacidos en Alaska resisten a la nieve la borrasca. ¿Me ayudarías a juntarlos en manada?

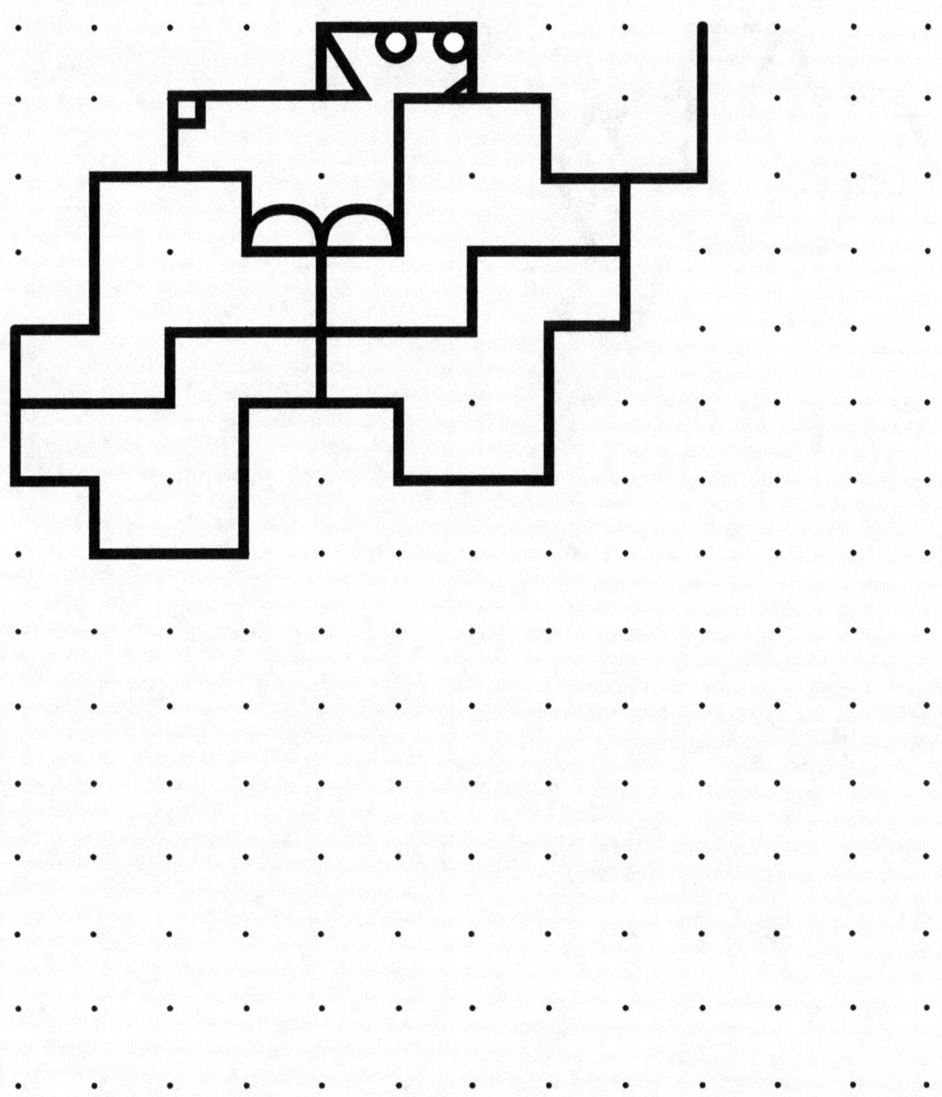

Unos Gran Daneses

Aquí tenemos un grupo de esbeltos Gran Daneses (aunque no tan grandes, pues apenas tienen cuatro meses). ¿Cómo han de verse todos juntos si juntamos todos estos puntos?

Sapos tropicales

Famosos son los sapos tropicales, pues sus cuerpos son descomunales. ¿No te causa intriga verlos a todos juntos barriga con barriga?

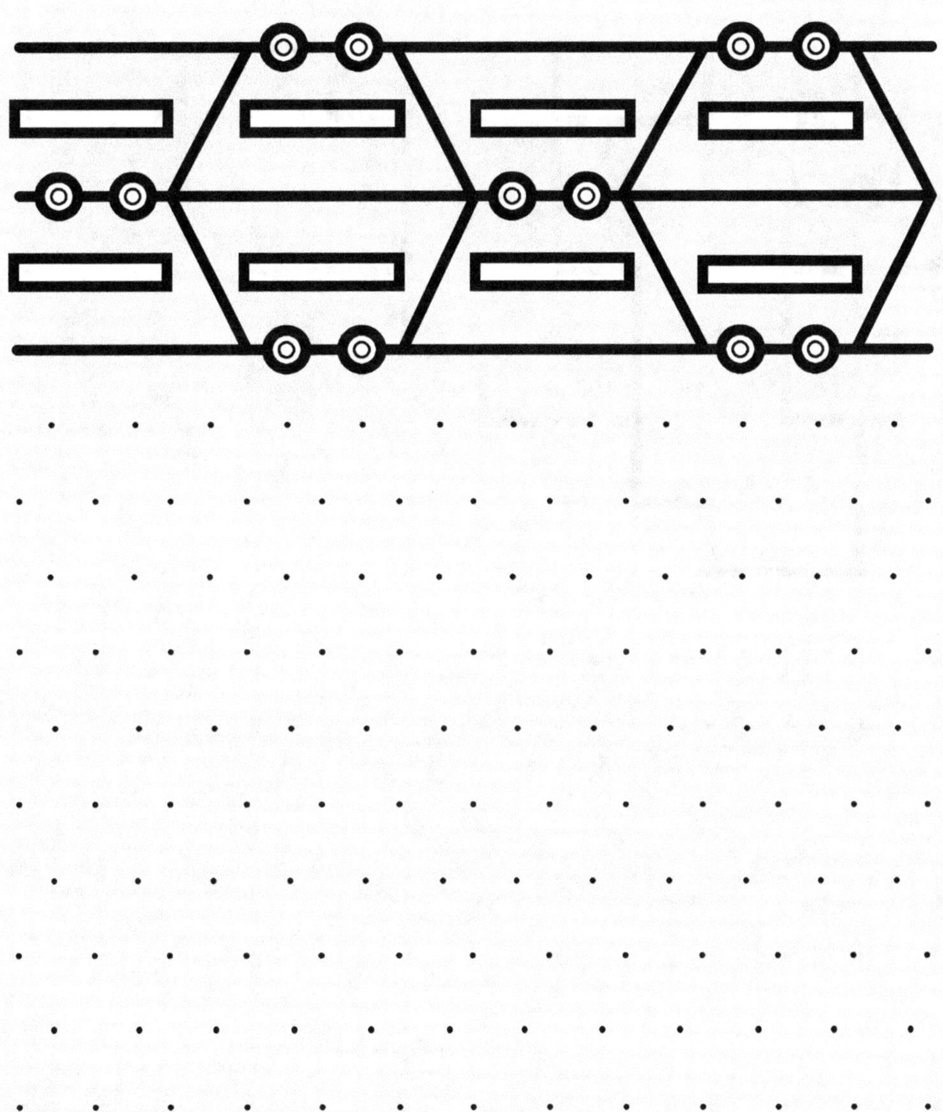

Un mural con caras

En este mural encontrarás dispuestos distintos rostros con diferentes gestos. Uno aquí parece algo molesto, el otro allá parece muy apuesto... Ninguno al otro se llega a asemejar, ¿cuántos gestos serás capaz de dibujar?

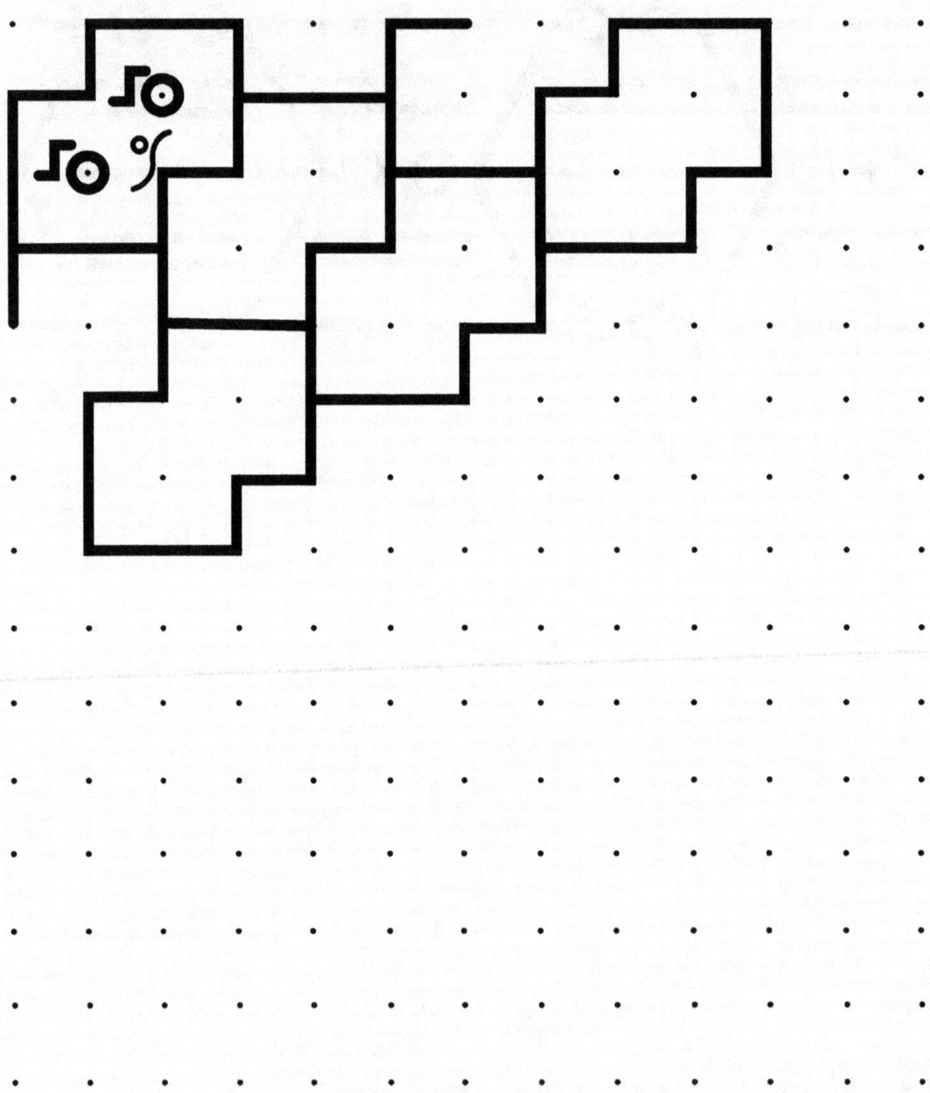

Las cabañas del zoológico

Estas cabañas de la Costa Malabar, nuestro inquieto mago consiguió desajustar. Son las cabañas de los visitantes, ¡deberíamos dejarlas como antes!

Unos animales misteriosos

¿Serán leopardos? ¿Serán monos? ¿Serán osos de anteojos sin anteojos? Yo no sé, sinceramente, qué animales son, ¿acaso son focas con gorros de bufón?

Submarinos

En el acuario del zoológico encontrarás un mural de lindos submarinos, ¿cómo se verán coloreados de verdes, amarillos y tonos azulinos?

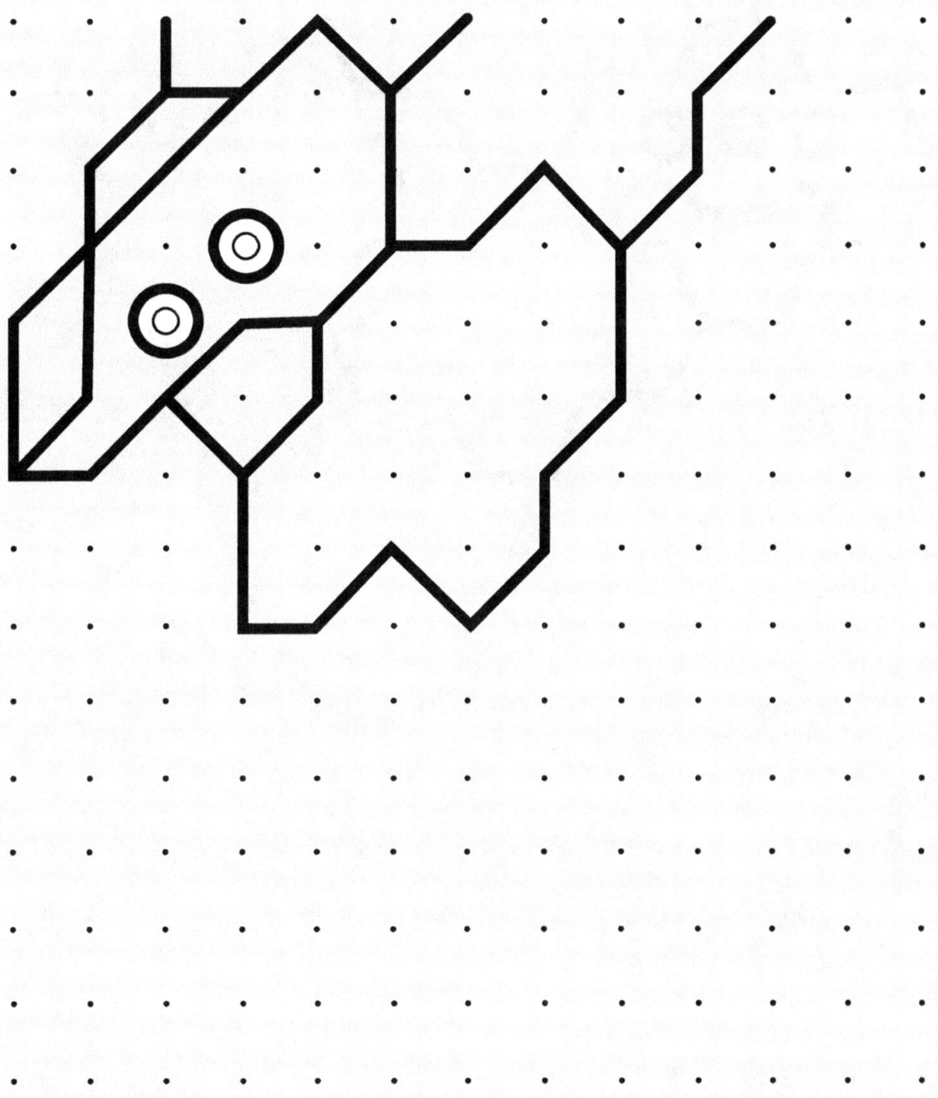

Naves espaciales

En otro mural de este zoológico (que era todo un atractivo pedagógico) Trastorni quiso hacer algunos males, ¡y desapareció sus naves espaciales!

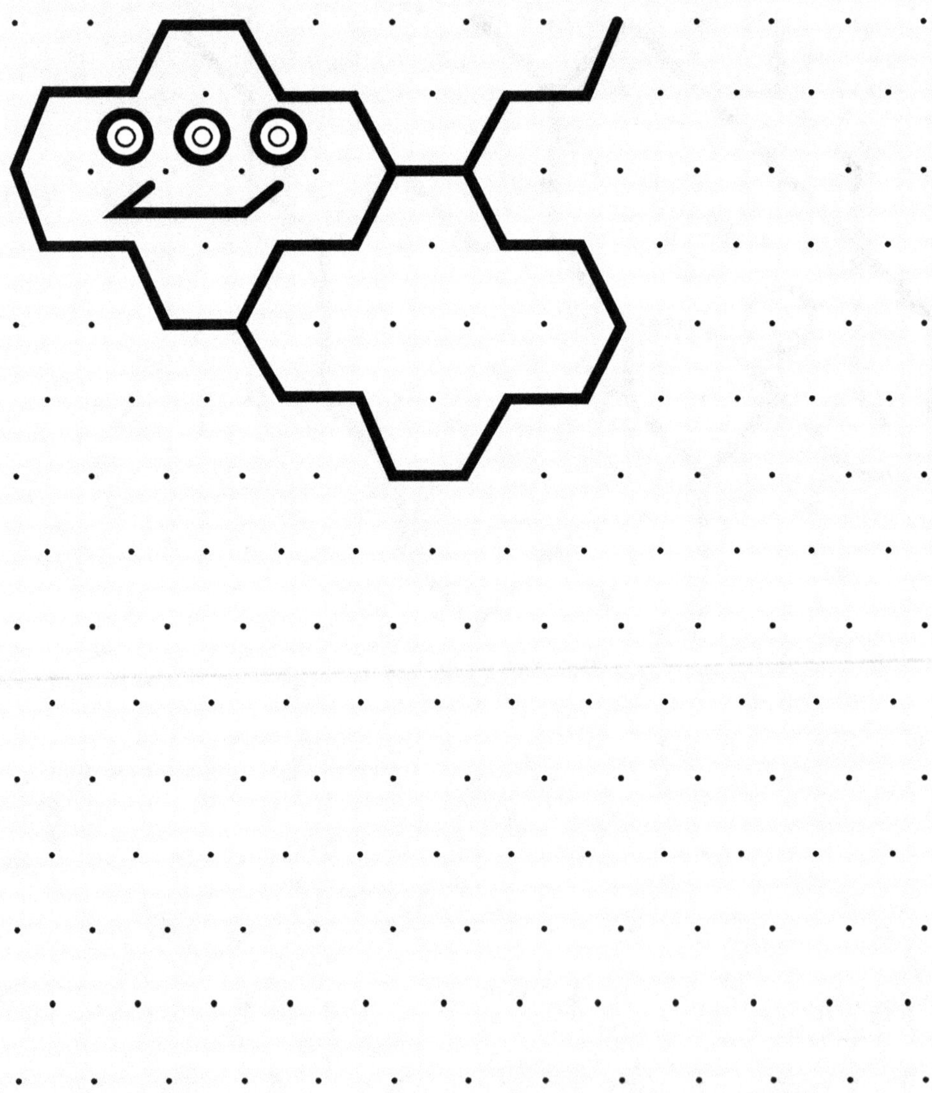

Algas marinas

¡Mira estas hermosas algas marinas que crecen en las rocas coralinas! Trastorni se llevó unas cuantas del acuario, ¿A dónde las llevó este mago estrafalario?

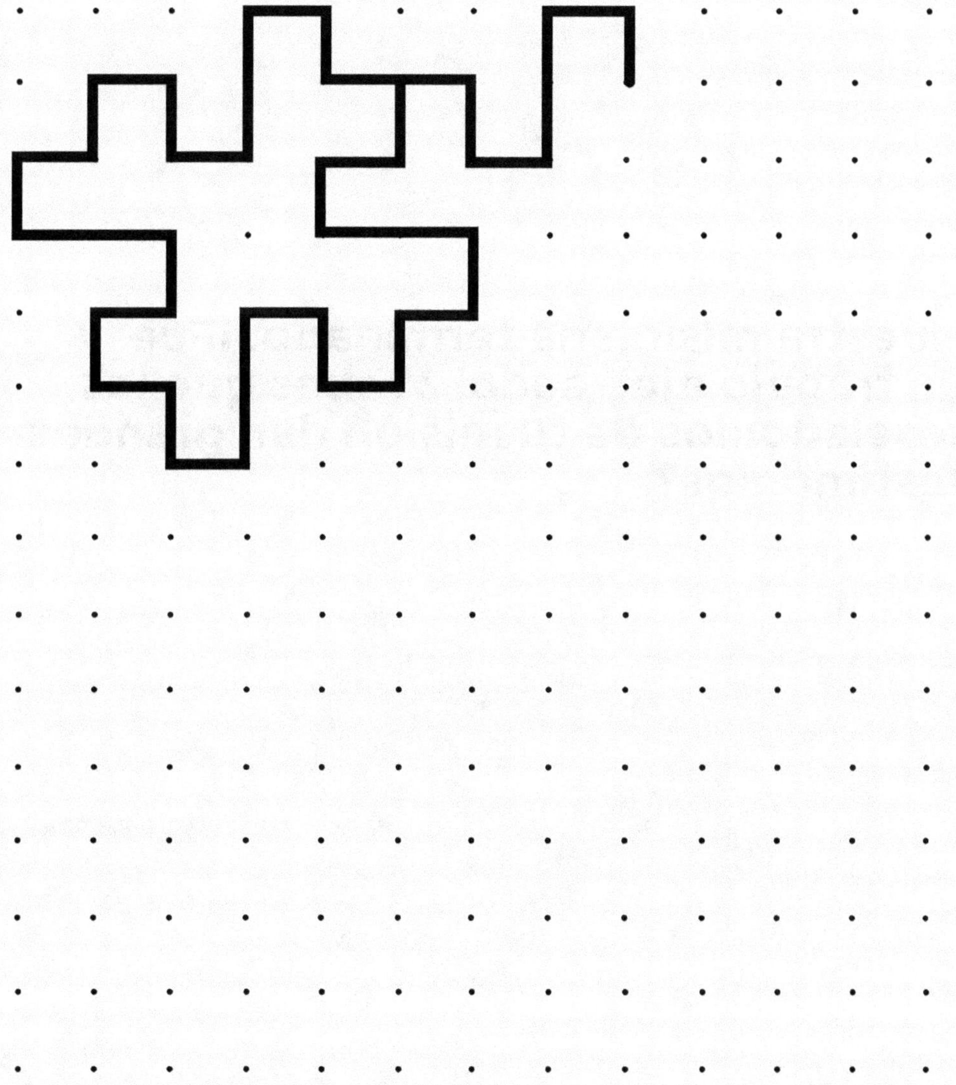

Nuestra misión ha terminado. ¡Fue un trabajo ajetreado! ¿Sabes que los teseladonios de tu misión dan grandes testimonios?

Propuesta curricular asociada a los Estándares Curriculares

1/3

Estándares Básicos de Competencias Matemáticas

Grados Primero a Tercero

Pensamiento espacial y geométrico Sistemas geométricos	Conceptos geométricos	Habilidades espaciales	Niveles de razonamiento	Tipo de teselación	Actividad
Reconoce nociones de horizontalidad, verticalidad, paralelismo y perpendicularidad en distintos contextos y su condición relativa respecto a diferentes sistemas de referencia.	Punto, (interior y exterior), vértice, recta, plano y tipos de recta.	Memoria visual. Percepción figura-fondo. Constancia perceptual (constancia figura y tamaño). Coordinación viso-motriz. Percepción de relaciones espaciales. Percepción de posición en el espacio.	Reconocimiento	Poligonales Regulares	A B C K T
Detalla y pone en práctica las nociones de arriba-abajo, izquierda-derecha, horizontal-vertical, área y volumen.					
Representa el espacio circundante para establecer relaciones espaciales.	Pertenencia, intersección, yuxtaposición y encadenamiento.				L M
Reconoce y aplica traslaciones y giros sobre una figura.	Rotaciones de un cuarto, de medio, de tres cuartos y de un giro completo.				N Q T
Explica cómo utilizar los conceptos aprendidos.					

Pensamiento espacial y geométrico Sistemas geométricos	Conceptos geométricos	Habilidades espaciales	Niveles de razonamiento	Tipo de teselación	Actividad
Reconoce congruencias y semejanzas entre figuras.	Concepto de figuras planas, congruencia y semejanza de figuras geométricas.	Memoria visual. Percepción figura-fondo. Constancia perceptual (constancia figura y tamaño). Coordinación viso-motriz. Percepción de relaciones espaciales. Percepción de posición en el espacio.	Reconocimiento	Poligonales Regulares	R S
Identifica y explica los cambios en una serie de figuras.					
Realiza construcciones y diseños utilizando cuerpos y figuras geométricas tridimensionales y dibujos o figuras geométricas bidimensionales.	Polígono, tipos de simetría (rotación, abatimiento, traslación, ampliación y bilateral).		Análisis	Poligonales Semirregulares	K Q O P
Calcula perímetros, áreas y volúmenes por descomposición de figuras.					
Desarrolla habilidades para relacionar dirección, distancia y posición en el espacio.	Movimientos sobre el plano (traslación, giro o rotación, simetría axial y simetría con deslizamiento).			Poligonales Regulares Semirregulares	T S Q
Hace conjeturas o deduce congruencias y semejanzas entre figuras.					
Reconoce y valora simetrías en distintos aspectos del arte y el diseño.	Grupos de simetrías (rosetones, frisos, mosaicos).		Clasificación	Poligonales regulares, semirregulares y no regulares.	A C R S T

4/5

Estándares Básicos de Competencias Matemáticas

Grados Cuarto a Quinto

<table>
<tr><th>Pensamiento espacial y geométrico Sistemas geométricos</th><th>Conceptos geométricos</th><th>Habilidades espaciales</th><th>Niveles de razonamiento</th><th>Tipo de teselación</th><th>Actividad</th></tr>
<tr><td>Compara y clasifica figuras bidimensionales de acuerdo con sus componentes (ángulos y vértices) y características.</td><td rowspan="2">Polígonos:

Clasificación y elementos.

Región (frontera interior y exterior).

Perímetro y área.</td><td rowspan="5">Memoria visual.

Percepción figura-fondo.

Constancia perceptual (constancia figura y tamaño).

Coordinación viso-motriz.

Percepción de Relaciones Espaciales.

Percepción de posición en el espacio.</td><td rowspan="2">Reconocimiento</td><td rowspan="2">Poligonales
Regulares
Semirregulares
Irregulares</td><td rowspan="2">A C K L M N</td></tr>
<tr><td>Explica con gráficas y significados geométricos situaciones de semejanza.</td></tr>
<tr><td>Identifica, representa y utiliza ángulos en giros, aberturas, inclinaciones, figuras, puntas y esquinas en situaciones estáticas y dinámicas.</td><td>Movimientos sobre el plano (reflexión, rotación y deslizamiento) e isometría.</td><td>Análisis</td><td>Poligonales
Regulares
Semirregulares
Irregulares</td><td>Q O P D</td></tr>
<tr><td>Identifica y justifica relaciones de congruencia y semejanza entre figuras.</td><td rowspan="2">Congruencia y semejanza de figuras planas.

Escala gráfica.</td><td rowspan="2">Clasificación</td><td rowspan="2">Poligonales,
Regulares
Semirregulares
No regulares</td><td rowspan="2">C T</td></tr>
<tr><td>Compara y ordena objetos de acuerdo a forma, tamaño, peso, etc.</td></tr>
</table>

Pensamiento espacial y geométrico Sistemas geométricos	Conceptos geométricos	Habilidades espaciales	Niveles de razonamiento	Tipo de teselación	Actividad
Construye figuras. Diseña maquetas. Llega a una conclusión general luego de varios casos particulares.	Congruencia y semejanza de figuras planas. Escala gráfica.	Memoria visual. Percepción figura-fondo. Constancia perceptual (constancia figura y tamaño). Coordinación viso-motriz. Percepción de relaciones espaciales. Percepción de posición en el espacio.	Clasificación	Poligonales, Regulares Semirregulares No regulares	C T
Conjetura y verifica los resultados de aplicar transformaciones a figuras en el plano para construir diseños. Descubre cuándo dos figuras pueden superponerse de acuerdo su forma y tamaño. Crea objetos utilizando figuras geométricas, regulares e irregulares.	Transformaciones geométricas. Grupos de simetrías (rosetones, frisos, mosaicos).		Clasificación	Poligonales, Regulares Semirregulares No regulares	A C R S T

Propuesta de actividades didácticas

ACTIVIDADES	SUGERENCIAS DE EJERCICIOS
Los pisos de la Plaza Central	A - B - C -H
Las paredes de la catedral	A - B - C -J
Las paredes del ancianato	A - B - C -G
En el Colegio Melanesio	A - B - C -H
Las paredes de la notaría	A - B - C -I
Un mural fenomenal	A - B - C -J
El techo del museo	A - B - C -F
Un mural precolombino	A - B - C -G -T
Un mosaico chino	A - B - C -H -T
Una escultura	A - B - C -I -K
En la estación de tren	A - B - C -J -K
Escaleras	A - B - C -G -K -P
En las paredes de la ludoteca	A - B - C -H -T
Edificios en barrio Naranjal	A - B - C -G -S
Una colmena	A - B - C -G -S
Los techos del barrio El Morichal	A - B - C -F
El techo de una cabaña	A - B - C -G
Los cultivos de Teseladonia	A - B - C -H
En el barrio El Frutal	A - B - C -I -K
Un adoquinado	A - B - C -J -K
Las paredes de la Universidad	A - B - C -G
Una cebra en la avenida	A - B - C -F
El Sideral	A - B - C -H
En el Banco Estelar	A - B - C -H -S
Las canchas de tenis	A - B - C -I -J -O
Las canchas de tejo	A - B - C -F -O
Un gran ventanal	A - B - C -H -O
Un diseño textil	A - B - C -G -K

ACTIVIDADES	SUGERENCIAS DE EJERCICIOS
El barrio El Verbenal	A - B - C -I -S
La idea de Trastorni	A - B - C -J -K
Otra ocurrencia del mago	A - B - C -H -L
Un laberíntico jardín	A - B - C -I -S
Un muro muy común	A - B - C -F -L
Los baños del estadio	A - B - C -G -S
Las paredes del nuevo teatro	A - B - C -F -R -S
El muro del Centro de Bomberos	A - B - C -H -N -S
Un muro de escalada	A - B - C -J -L
Las ventanas del Cuartel	A - B - C -I -K
El vitral de la catedal	A - B - C -G -L
Loros de colores	A - B - C -F -Q
Los pájaros carpinteros	A - B - C -I -Q
Brontosaurios	A - B - C -G -Q
Extraños animales	A - B - C -F -Q
Mantarrayas	A - B - C -J -T
Peces multicolores	A - B - C -F -Q
Pastores siberianos	A - B - C -H -T
Unos Gran Daneses	A - B - C -G -Q -T
Sapos tropicales	A - B - C -I -Q -T
Un mural con caras	A - B - C -J -Q
Las cabañas del zoológico	A - B - C -I -Q
Unos animales misteriosos	A - B - C -F -Q
Submarinos	A - B - C -G -Q
Naves espaciales	A - B - C -H -Q
Algas marinas	A - B - C -J -Q

Glosario de actividades

A

Completar las teselaciones sobre el plano sin modificar los polígonos que se proponen como punto de partida.

B

Reconocer y escribir los nombres de los polígonos.

C

Clasificar, según sus características, los polígonos que conforman cada teselación.

D

Describir (por escrito o de manera oral) las propiedades de los polígonos.

E

Clasificar las tipologías de las teselaciones en la guía.

F

Pintar las teselaciones con colores primarios (amarillo, azul y rojo).

G

Colorearlas con colores cálidos (rojo, amarillo y naranja).

H

Pintarlas según la teoría de los Cuatro Colores.

I

Pintarlas con colores secundarios (naranja, verde, morado).

J

Colorearlas con colores fríos (verde, azul, morado).

K

Contar los polígonos que se forman en una determinada teselación.

L

Contar los puntos interiores presentes en las teselaciones.

M

Contar los puntos de la frontera en los polígonos.

N

Identificar las aristas y vértices en los polígonos.

O

Identificar la región interior y los puntos interiores de los polígonos.

P

Contar las líneas perpendiculares que aparecen en los polígonos.

Q

Explicar los movimientos realizados sobre el plano.

R

Determinar el perímetro de los polígonos.

S

Calcular el área de los polígonos.

T

Explicar el proceso de constitución y realización de una teselación.

Referencias bibliográficas

Benítez, M. L. y O. L. Cárdenas (2008). **La enseñanza de la topología a través de la cartografía**. Bogotá: Cooperativa Editorial Magisterio

Bonilla Jaramillo, S., L. B. Espinosa, M. A. Feria Uribe y N. Martínez Álvarez (2006). **Percepción espacial y geometría intuitiva. Propuesta de unidades didácticas.** Bogotá: Universidad Externado de Colombia, Facultad de Ciencias de la Educación.

----------(2000a). **"Reflexiones en torno a la enseñanza del espacio", 0 a 5. La educación en los primeros años,** año III, núm. 22, marzo, pp. 24-41.

Broitman, C. (2000b). **"Reflexiones en torno a la enseñanza del espacio", Educación Matemática. Propuestas de trabajo, experiencias y reflexiones. La educación en los primeros años.** Bogotá: Ediciones Novedades Educativas.

Dickson, L., M. Brown y O. Gibson (1991). **El aprendizaje de las matemáticas,** Ministerio de Educación y Ciencia. Barcelona: Labor.

Feria Uribe, M. A., L. B. Espinosa y N. Martínez Álvarez (2006), **Percepción espacial y geometría intuitiva. Una puerta de entrada al aprendizaje significativo de la geometría,** Universidad Externado de Colombia, Facultad de Ciencias de la Educación.

Fripp, A., y C. Varela (2012), "Pensar geométricamente", 4° Congreso Uruguayo de Educación Matemática, recuperado de: **http://semur.edu.uy/curem/actas/procesadas1348011188/actas.pdf**

Frostig, M. (1978), **Figuras y formas. Programa para el desarrollo de la percepción visual.** Buenos Aires: Médica Panamericana.

Gattegno, C. (1964). **El material para la enseñanza de las matemáticas,** Madrid: Aguilar.

Gutiérrez, Á., y A. Jaime (1991). "El modelo de razonamiento de Van Hiele como marco para el aprendizaje comprensivo de la geometría. Un ejemplo: Los giros", **Educación Matemática,** vol. 3, agosto. México: Editorial Iberoamérica.

Itzcovich, H., y C. Broitman (2001). "Orientaciones didácticas para la enseñanza de la geometría en EGB", Documento núm. 3, Buenos Aires, Argentina, Recuperado de: http://www.uruguayeduca.edu.uy

Malagón, J. (1998). "Clase de Matemáticas". En: **La construcción de la confianza. Una experiencia en proyectos de aula.** Bogotá: CEPE-IDEP.

Quaranta, M. E. (1998). "¿Qué entendemos hoy por "hacer matemática en el Nivel Inicial"?": En: **Educación Matemática. Los nuevos aportes didácticos para planificar y analizar actividades en el Nivel Inicial.** Buenos Aires: Novedades Educativas.

---------(2002). **Orientaciones didácticas para el Nivel Inicial.** Buenos Aires: Dirección General de Cultura y Educación.

Quaranta, M. E., y B. Ressia de Moreno (2009), **La enseñanza de la geometría en el jardín de infantes,** Buenos Aires (Serie Desarrollo Curricular), recuperado de: **http://www.gpdmatematica.org.ar/publicaciones/geometria_inicial.pdf**

Sánchez, N., y M. Bonilla (1998), **Matemáticas escolares asistidas por computador. Actividades en el aula. Módulo 3, Proyecto curricular de Licenciatura en Matemáticas.** Bogotá: Universidad Distrital.

Sauvy, J., y S. Sauvy (1980). **El niño ante el espacio: iniciación a la topología intuitiva-de la rayuela a los laberintos.** Madrid: Ed. Pablo del Río.

Vasco, C. E. (1998), **Pensamiento espacial y sistemas geométricos,** Recuperado de: aprendeenlinea.udea.edu.co.

www.ingramcontent.com/pod-product-compliance
Lightning Source LLC
LaVergne TN
LVHW080628160826
845677LV00007B/1478

* 9 7 8 9 5 8 2 0 1 2 0 3 8 *